Birgitta Berger
Leni Dam
Christina Winter

Autonomes Sprachenlernen

Wie Lernende Verantwortung übernehmen und Lehrkräfte dies effektiv begleiten

Cornelsen

Die Autorinnen
Birgitta Berger, Englischlehrerin und Journalistin, unterrichtet an der Campus di Monaco Internationalen Montessorischule in München. In Workshops, Kursen und Beratungen gibt sie ihre Praxiserfahrung mit dem Autonomen Sprachenlernen an Lehrkräfte aus den verschiedensten Fachgebieten weiter.

Leni Dam unterrichtete 40 Jahre lang Englisch an einer dänischen Gesamtschule südlich von Kopenhagen und war pädagogische Beraterin und Lehrerausbilderin der Universität in Kopenhagen. Sie hat umfassend zum Thema Lernerautonomie veröffentlicht und hält weiterhin Seminare und Workshops im In- und Ausland.

Christina Winter hat Englisch und Italienisch auf Lehramt studiert. Sie ist Lehrerin an der Inklusiven Montessori Schule an der Balanstraße in München und bindet Autonomes Sprachenlernen in ihren täglichen Unterricht ein.

Projektleitung: Maren Krüger, Berlin
Redaktion: Marion Clausen, Berlin
Umschlaggestaltung: Corinna Babylon, Berlin
Umschlagfoto: Shutterstock.com/Dilok Klaisataporn
Illustrationen: Dorina Tessmann, Berlin
Layoutkonzept: Studio SYBERG, Berlin
Technische Umsetzung: Reemers Publishing Services GmbH, Krefeld

Hinweis Webcode
Sie können die Kopiervorlagen zu diesem Buch aus dem Internet als pdf-Datei herunterladen. Sie finden dazu eine Buchstabenkombination auf Seite 139. Geben Sie diese unter www.cornelsen.de/webcodes ein.

www.cornelsen.de

1. Auflage 2023

Druck: H. Heenemann, Berlin

ISBN 978-3-589-16853-8

PEFC
PEFC/04-31-1156

PEFC zertifiziert
Dieses Produkt stammt aus nachhaltig bewirtschafteten Wäldern und kontrollierten Quellen.

www.pefc.de

Inhaltsverzeichnis

1 Einleitung

Stellen Sie sich ein Klassenzimmer der Sekundarstufe vor, eine Englischstunde, in der Schülerinnen und Schüler überwiegend zu zweit oder in kleinen Gruppen arbeiten, selbstgestaltete Vokabelkärtchen nutzen, zusammen eine Geschichte schreiben, über Fotos diskutieren, selbstentwickelte Brettspiele spielen oder gemeinsam ein Plakat für eine Präsentation gestalten. Ein geschäftiges Summen in der Zielsprache ist zu hören, die Lehrkraft geht von Tisch zu Tisch, von Gruppe zu Gruppe, hört zu, stellt interessiert Fragen. Auf jedem Tisch liegt ein Wörterbuch, das die Lernenden aufschlagen, wenn ihnen ein Wort fehlt.

Zum Abschluss der Arbeitszeit treffen sich die Schülerinnen und Schüler mit ihrer Lehrkraft in einem Stuhlkreis. Die Sprecherinnen der Gruppen referieren bündig über ihre heutige Arbeit, über Erfolge und Schwierigkeiten. Wer eine Frage hat, fragt nach, alles geschieht auf Englisch.

Oder stellen Sie sich eine Klasse in der Grundschule vor; die Kinder treffen sich zu Beginn der Englischstunde, alle haben ihr gelbes Heft dabei: ihr Logbuch. Nach einer kurzen Begrüßung durch die Lehrkraft tauschen sich die Kinder in Zweier- und Dreiergruppen darüber aus, was es Neues in ihrem Heft gibt: vielleicht ein Bild und dazu englische Wörter, in der letzten Stunde entstanden. Oder die zu Hause abgemalte *Cornflakes*-Packung, und alle englischen Wörter, die darauf zu finden waren, oder kleine selbstgestaltete Büchlein, ein abgeschriebener Reim. Anschließend sagt jedes Kind im Kreis kurz, was es für den heutigen Tag vorhat: aus einem Tierbuch neue Tiernamen suchen und auf Wortkärtchen schreiben, mit anderen Kindern mit dem selbstgebastelten Domino spielen, mit der Freundin an einem englischen Reim weiterarbeiten, eine englische Lektüre lesen und die dazugehörige CD anhören.

In der Klasse beginnt emsiges Arbeiten, die Kinder wissen, was sie vorhaben und was sie dafür brauchen. Die Lehrkraft unterstützt da, wo es Diskussionen über die Arbeitsweise gibt oder wo Material fehlt. Bei Wortschatzfragen zeigt sie den Kindern, mit welchem Wörterbuch sie weiterkommen, wie sie das gesuchte Wort nachschlagen.

Verschiedene Merkmale zeichnen diese Art des Sprachenlernens aus: Die Lernenden arbeiten entsprechend ihrer individuellen Präferenzen und ihrem Lernstand an unterschiedlichen Aufgaben. Sie lernen mit- und voneinander. Sie kennen eine Vielzahl von Aufgabenformaten und Materialien, die diese Eigenständigkeit ermöglichen. Ihre Lehrkraft unterstützt sie in den Arbeits- und Lernprozessen, hat dabei den Lernfortschritt jeder/jedes Einzelnen und das Miteinander der Gruppe im Blick.

Das ist nicht nur eine schöne Vision, sondern auch Realität in Klassen, in denen Kinder und Jugendliche einen hohen Grad an Lernerautonomie erreicht haben. Das kann auch in den Schulformen Realität werden, die nicht durchgehend nach Montessori oder anderen reformpädagogischen Prinzipien arbeiten. Weltweit ist das Konzept der *language learner autonomy*, des Autonomen Sprachenlernens, seit Mitte der 1970er-Jahre ein Begriff. *Language learner autonomy* beeinflusst und inspiriert den internationalen Diskurs im Bereich der Fremdsprachendidaktik bis heute, maßgeblich geprägt durch die praktische Umsetzung und wissenschaftliche Untermauerung durch Leni Dam.

Auch wenn es, vor allem in der englischsprachigen Fachliteratur, viele Publikationen zum Autonomen Sprachenlernen gibt, so sind Lehrkräfte, die diesen Weg gehen wollen, hierzulande oft auf der Suche nach konkreter Anleitung und hilfreichen Beispielen.

Diesem Bedarf kommen die drei Autorinnen mit dem vorliegenden Buch nach. Seit ihrer ersten Begegnung findet ein intensiver fachlicher Austausch der drei Kolleginnen bei Tagungen und gemeinsamen Fortbildungen statt. Die positiven Erfahrungen der beiden deutschsprachigen Autorinnen mit der Lernerautonomie in ihrem eigenen Unterricht und das große Interesse, auf das ihre Berichte darüber stoßen, gaben den Anstoß dazu, ein Handbuch in deutscher Sprache mit konkreten Ideen, praktischen Anleitungen sowie Beispielen aus den eigenen Klassenzimmern zu erstellen. Das wäre nicht möglich ohne die jahrzehntelange Erfahrung und wissenschaftliche Fundierung ihrer dänischen Kollegin und Mitautorin (mehr zur wegweisenden Rolle von Leni Dam in der Entwicklung der Lernerautonomie in Kapitel 2).

Birgitta Berger und Christina Winter sind beide Montessori-Pädagoginnen. Sie erkennen, dass Montessoris Bild vom Kind und ihre Haltung gegenüber dem Lernen sich in geradezu idealer Weise mit dem Konzept der Lernerautonomie verbindet. Umgesetzt haben Birgitta Berger und Christina Winter die Lernerautonomie in den vergangenen Jahren in unterschiedlichen Jahrgangsstufen von der ersten bis zur zehnten Klasse an zwei Münchener Montessorischulen. Damit liegen auch der Anspruch und Leitgedanke der Montessori-Pädagogik, „Hilf mir, es selbst zu tun“, diesem Buch zugrunde.

Leni Dams erstes Buch *Learner Autonomy: From Theory to Classroom Practice* und ihr jüngstes, gemeinsam mit David Little und Lienhard Liegenhausen herausgegebenes Werk *Language Learner Autonomy. Theory, Practice and Research* stehen gewissermaßen Pate für dieses Handbuch. Die im Folgenden vorgestellten Aktivitäten und Arbeitsformen gehen mehrheitlich auf das zurück, was Leni Dam über Jahrzehnte hinweg entwickelt und an Kolleginnen und Kollegen weitervermittelt hat.

Da Leni Dam vorwiegend in englischer Sprache arbeitet und publiziert, sind im Verlauf dieses Buches immer wieder Aussagen von ihr in englischer Sprache eingefügt. Wer Leni Dam persönlich kennt, wird ihre unnachahmlich präzise Sprache in diesen englischen Zitaten noch besser wiedererkennen.

Die Autorinnen möchten sich ganz herzlich bei allen ihren Schülerinnen und Schülern für ihr Engagement und ihre Mitarbeit im Englischunterricht bedanken. Ohne ihre Bereitschaft, die Ergebnisse ihrer Arbeit zu teilen, wären viele Abbildungen und Beispiele in diesem Buch nicht möglich gewesen. Sie zeigen, was in einer autonomen Lernumgebung erreicht werden kann.[1]

Birgitta Berger
Leni Dam
Christina Winter

1 Die Arbeiten der Schülerinnen und Schüler sind jeweils mit der Jahrgangsstufe bezeichnet, in der das Arbeitsergebnis entstanden ist. Das Alter der Kinder und Jugendlichen in deutschen und dänischen Klassen stimmt weitgehend überein.

2 Grundlagen

2.1 Ursprünge des „Autonomen Lernens“

Dem Konzept der Lernerautonomie liegen das Menschenbild und die pädagogischen Vorstellungen großer Reformpädagoginnen und -pädagogen zugrunde, es sind dies vor allem Maria Montessori, Célestin Freinet und John Dewey. Sie alle stellen das Kind als eigenständige Person in den Mittelpunkt. Das Autonome Lernen setzt diese Prinzipien für den Bereich der Fremdsprachen konsequent fort (vgl. Edelhoff & Weskamp, 1999, S. 13–14).

Geprägt hat den Begriff des Autonomen Lernens der europäische Fremdsprachendidaktiker Henri Holec Ende der 1960er-Jahre, ursprünglich im Hinblick auf erwachsene Lernende. Seine Vision von selbstbestimmtem Lernen basiert auf der Vorstellung, dass das Lernen ein individueller Prozess ist, der sich selbstorganisiert vollzieht und von der Lehrkraft nicht erzwungen werden kann, sondern ermöglicht und unterstützt werden soll (vgl. Holec, 1981).

Ab den 1970er-Jahren begann die dänische Englischlehrerin Leni Dam an einer Schule südlich von Kopenhagen mit neuen Unterrichtsformen zu experimentieren. Ihr Ziel: Die Jugendlichen im Englischunterricht soweit wie möglich an ihrem eigenen Lernen zu beteiligen. Erst später stieß Leni Dam auf Holecs Definition. Sie übernahm den Begriff „Lernerautonomie“, übertrug ihn auf die Arbeit mit Kindern und Jugendlichen und erweiterte ihn um die Dimension des sozialen Lernens. Was in ihrer Klasse geschah, wurde später auch wissenschaftlich evaluiert und belegt: Jugendliche, die zuvor wenig Lust auf Englisch gehabt hatten, übernahmen nun Verantwortung für sich und ihre Mitschüler und entwickelten sprachliche Kompetenzen, die ihnen eine authentische Kommunikation in der Fremdsprache ermöglichten. Im Vergleich mit Schülerinnen und Schülern aus nicht-autonomem Fremdsprachenunterricht wiesen diese dänischen Lernenden nicht nur eine höhere kommunikative Kompetenz auf. Sie waren zu „echten“ Gesprächen in der Fremdsprache fähig. Auch in Bezug auf die formale grammatische Korrektheit sprachen die Forschungsergebnisse für den autonomen Ansatz (vgl. Little, Dam & Legenhausen, 2017, S. 155–157).

Leni Dam vermittelte viele Jahre lang dieses erfolgreiche Konzept in der Lehreraus- und -fortbildung an dänische Kolleginnen und Kollegen. Sie ist außerdem Teil eines weltweiten Netzwerks von Menschen aus der Wissenschaft und der Praxis.[2] Leni Dam hat Lehrkräfte weltweit inspiriert, im Sprachenunterricht neue Wege zu gehen, so auch ihre beiden Mitautorinnen des vorliegenden Buches.

2.2 Definition: Lernerautonomie

Was genau ist mit dem Autonomen Sprachenlernen gemeint? Das Autonome Sprachenlernen, wie es in diesem Buch vorgestellt wird, bedeutet NICHT, dass die Lernenden allein und auf sich selbst gestellt sind, sondern, dass ihnen ermöglicht wird, ihr Lernen selbst in die Hand zu nehmen.

Im Autonomen Sprachenlernen erleben sie sich als lernende Wesen: Sie erwerben ein stetig wachsendes Repertoire, um mit der Sprache und ihren Mitschülerinnen und Mitschülern zu agieren und ihre Handlungs- und Ausdrucksmöglichkeiten zu erweitern. Sie lernen ihre Stärken und Schwächen kennen, gewinnen Selbstvertrauen und daraus Motivation. Dabei spielt die Lehrperson eine zentrale Rolle, indem sie der Klasse oder Lerngruppe das Werkzeug für ihr selbstgesteuertes Tun an die Hand gibt. Auch die Mitlernenden sind Teil des Lernprozesses, als Partnerin, Vorbild und Unterstützer. Die Lernprozesse sind begleitet von kontinuierlicher Selbst- und Fremdevaluation. Alles findet weitestgehend in der Zielsprache statt.

Die Kinder und Jugendlichen erwerben beim Autonomen Lernen Kompetenzen, die sie auch außerhalb des Fremdsprachenunterrichts einsetzen können:
- ihre Arbeit zielgerichtet zu planen,
- dabei passende und für sie geeignete Lern- und Arbeitsformen auszuwählen und zu nutzen,
- sowie die eigene und gemeinsame Arbeit zu dokumentieren und
- zu evaluieren.

Diese Fähigkeiten sind wesentlich für die Teilhabe an der modernen Wissensgesellschaft und für die Anforderungen einer komplexen Arbeitswelt. Zudem entwickeln die Beteiligten ein tieferes Verständnis ihrer selbst und ihrer Umwelt und lernen nicht nur zu lernen, sondern zu denken und zu reflektieren.

2 Praktizierende und Forschende aus aller Welt im Bereich des Autonomen Sprachenlernens sind in der IATEFL Unterorganisation LASIG (Learner Autonomy Special Interest Group; https://lasig.iatefl.org/, zuletzt aufgerufen am 21. 10. 2022) international vernetzt.

Wie kommt es nun zu diesen Kompetenzen? Bereits in der Definition des Begriffs „Lernerautonomie“ lässt sich erkennen, wie die Autonomie von Schülerinnen und Schülern entwickelt werden kann. Leni Dam definiert Lernerautonomie als ...

> *a readiness to take charge of one's own learning in the service of one's needs and purposes. This entails a capacity and willingness to act independently and in cooperation with others as a socially responsible person.* (Dam, 1995, S. 1)

Ganz ausdrücklich geht es also darum, die **Bereitschaft** der Lernenden zu wecken, damit sie Verantwortung für ihr Lernen übernehmen **wollen**. Gleichzeitig brauchen sie die **Fähigkeit**, dies tun zu **können**. Hier liegt die Verantwortung der Lehrenden, die die Lernenden an das Autonome Arbeiten heranführen. Somit nehmen sowohl Lehrende als auch Lernende in diesem Prozess eine aktive Rolle ein.

Lehrkräfte geben im Autonomen Lernen also weder die Initiative, noch die Verantwortung ab: Sie bleiben verantwortlich dafür, dass Lernen stattfinden **kann** (vgl. Dam, 2003, S. 137–140). Sie fördern das Lernklima und die Lernbereitschaft der Schülerinnen und Schüler durch sichere Rahmenbedingungen und eine motivierende Haltung. Sie vermitteln die notwendigen Kompetenzen, die man braucht, um zunehmend Verantwortung für den eigenen Lernprozess zu übernehmen. Vorbedingung dafür ist allerdings, dass die Lehrkräfte bereit sind, den **Lernvorgang an sich loszulassen**, damit die Schülerinnen und Schüler die Lernprozesse selbst in die Hand nehmen können:

> *(...) the teacher must be willing to 'let go' so that her learners can 'take over'.* (Dam, 2003, S. 138)

Es geht also nicht darum, jegliche Verantwortung abzugeben, sondern den Lernenden die Verantwortung für den Lernvorgang zu überlassen (siehe Kapitel 3.1: Eine veränderte Rolle von Lehrkräften, Schülerinnen und Schülern).

Die Lern- und Arbeitsprozesse werden beim Autonomen Sprachenlernen soweit wie möglich in und durch die Zielsprache gesteuert (vgl. Little, Dam & Legenhausen, 2017, S. 26). Das bedeutet, dass Lernende und Lehrende für ihre Alltagskommunikation und die Gespräche über die Arbeit stets die Zielsprache nutzen. Wenn sie miteinander auf Englisch darüber sprechen, was zu tun ist, wie es getan wird und wie die Arbeit gelungen ist, dann ist die Zielsprache nicht nur Ziel, sondern zugleich Mittel zum Zweck.

2.3 Lernerautonomie in Theorie und Praxis

Das Konzept des Autonomen Lernens beruht auf der Sichtweise, dass die Menschen ihrem Wesen nach autonom sind und sein wollen. Dem liegt die Beobachtung zugrunde, dass schon Kleinkinder das Bedürfnis haben, Dinge selbst zu tun. Der Drang, das eigene Wollen umzusetzen, kennzeichnet auch die weitere Entwicklung vom Kind zum Erwachsenen (vgl. Little, Dam & Legenhausen, 2017, S. 10–11). Lernerautonomie bei Schülerinnen und Schülern knüpft also an ihre natürliche Autonomie an und ermöglicht ihnen, auch im Hinblick auf den Spracherwerb autonom zu agieren. Das entspricht allerdings nicht unbedingt der Arbeitsweise im übrigen Schulbetrieb und muss deshalb erst Schritt für Schritt eingeführt werden.

Die Vertreter des Autonomen Lernens betrachten das Lernen als eine Konstruktion, die vom Lernenden auf der Grundlage seines individuellen Wissens gesteuert wird (vgl. Little, Dam & Legenhausen, 2017, S. 11–12). Das macht die Lernenden zum Subjekt des Lernprozesses. Zudem wird die Sichtweise Vygotskys herangezogen, derzufolge Lernen nur im Austausch, also im Gespräch mit anderen, stattfinden kann (vgl. Wolff, 2007, S. 5–7). Lernen ist also immer auch ein sozialer Prozess.

Im Autonomen Sprachenlernen können sich Kinder und Jugendliche in dem autonomen Verhalten, das sie bereits aus ihrem Alltag und ihren bisherigen Lebenserfahrungen mitbringen, weiterentwickeln. Es schafft zudem Anlässe und Situationen, in denen sie zusammenarbeiten können, sodass individuelle Lernprozesse durch soziale Interaktion ermöglicht und gestärkt werden. Schülerinnen setzen eigene Ideen um und nutzen dabei persönliche Erfahrungen und eigenes Wissen, sie können aber auch mit Partnern oder in Gruppen arbeiten und so mit und von ihrer *Peergroup* lernen.

Hinzu kommen Reflexion und Evaluation: Schüler werden sich ihrer Lernerfahrung und sprachlichen Entwicklung durch fortlaufende Rückblicke und Selbsteinschätzungen bewusst. Benötigt werden für all dies lediglich Poster und Logbücher.

Aus diesen Elementen ergibt sich ein zyklischer Arbeitsprozess, der sogenannte *Work cycle*. Dieser beinhaltet die drei wesentlichen Schritte, die für einen Lernzuwachs entscheidend sind: Planung – Durchführung – Evaluation (siehe Abb. 1).

Alles findet – so bald wie möglich – in der Zielsprache statt, in unserem Fall Englisch. Die Sprache ist zugleich Ziel **und** Mittel zum Zweck, ihr Gebrauch im Kontext des Lernens damit zwangsläufig authentisch.

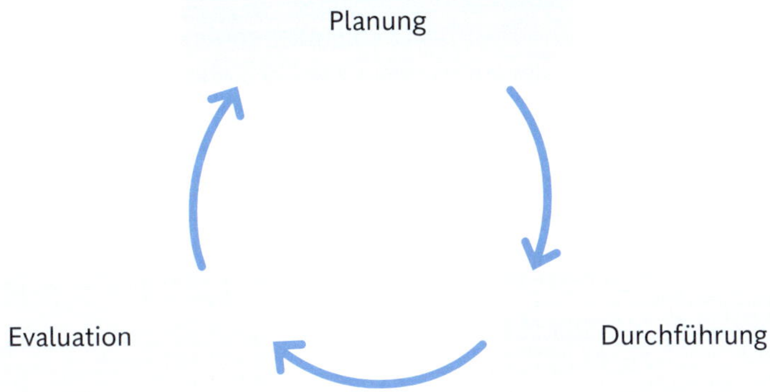

Abb. 1 ***Work cycle***

Bei der Planung und Durchführung von Aktivitäten und Arbeitsformen stellen offene Arbeitsaufträge (*Umbrella tasks*) im Autonomen Sprachenlernen eine natürliche Binnendifferenzierung her; jede einzelne Aktivität kann auf jedem Leistungsniveau bearbeitet werden. Es ist nicht nötig, unterschiedliche Schwierigkeitsgrade anzubieten, da jede und jeder nach eigenen Fähigkeiten und Möglichkeiten zur eigenen oder gemeinschaftlichen Arbeit beiträgt. Dies ist die natürliche und optimale Form der Differenzierung, weil die Lernenden durch ihre Entscheidungen und ihr Tun die Differenzierung selbst herstellen. Für die Lehrkraft werden so die individuellen Lernstände besonders gut sichtbar; erkennbar wird auch, wo Einzelne mehr gefördert oder gefordert werden sollten.

Die Heterogenität der Klasse wird beim Autonomen Lernen als Ressource aktiv genutzt, denn der Fokus liegt stets auf dem, was jemand bereits kann, welches Wissen und welche Kompetenzen schon vorhanden sind. Es geht darum zu ermöglichen, dies handlungsorientiert und durch kooperatives Arbeiten zu verbinden und zu erweitern. Genau so sieht es z. B. der bayerische Lehrplan vor (vgl. Staatsinstitut für Schulqualität und Bildungsforschung, 2021).

Ein ganz wesentlicher Aspekt des Autonomen Sprachenlernens ist die Möglichkeit, sich eine Arbeitspartnerin, eine Aktivität oder das Material wählen zu können. Jede Wahlmöglichkeit führt dazu, dass sich Lernende durch ihre Entscheidung (Mit wem möchte ich arbeiten, in welcher Arbeitsform und mit welchem Arbeitsmaterial?) mit der dann zu erfüllenden Tätigkeit persönlich verbunden fühlen. Das stärkt die intrinsische Motivation. Zum anderen eröffnen Wahlmöglichkeiten den Lernenden Entscheidungen nach eigenen Kriterien und nach Selbsteinschätzung des individuellen Lernstands. Und nicht zuletzt kann die Lehrkraft aus den Entscheidungen und den Begründungen der einzelnen Lerner für ihre Entscheidungen viel über deren Arbeitshaltung und ihren Lernstand erfahren.

Auf die Durchführung einer Aktivität folgt stets die Evaluation. Diese beinhaltet die Rückschau auf die getane Arbeit und deren Bewertung, durch die Lernenden selbst, durch ihre Mitschülerinnen und Mitschüler sowie durch die Lehrkraft. Die Bewertung sorgt dafür, aus der vorangegangenen Erfahrung zu lernen und den nächsten Arbeitsschritt entsprechend anzupassen: Die Evaluation ermöglicht also zwei unterschiedliche, aber aufeinander aufbauende Perspektiven – den Blick zurück und den Blick nach vorne, der das einbezieht, was aus der Rückschau gelernt wurde. Wenn ein Lerner in der Lage ist, sich fortlaufend den eigenen Lernprozess vor Augen zu führen, dann hat er die Steuerung des eigenen Lernens in der Hand, handelt also autonom.
Somit ist die Evaluation der Dreh- und Angelpunkt der Lernerautonomie:

> *Evaluation is the hinge on which learner autonomy turns.* (Little, Dam & Legenhausen, 2017, S. 95)

Evaluation stellt das her, was John Hattie mit *Visible Learning* bezeichnet: das Sichtbarmachen erfolgreicher Lernprozesse. Voraussetzung dafür sind veränderte Lehrer- und Schülerrollen: Wenn Kinder und Jugendliche zu ihren eigenen Lehrerinnen und Lehrern werden und wenn Lehrkräfte das Lernen durch die Augen ihrer Schüler sehen, dann hat das laut Hattie den stärksten Effekt auf den Lernerfolg (vgl. Hattie, 2009, S. 22).

Umsetzbar ist Lernerautonomie mit jeder Altersgruppe und in jeder Schulart, egal ob Grundschule, weiterführende Schule oder Hochschule, ob staatliche oder private Einrichtung. Auch wenn das vorliegende Buch nur am Rande auf Noten eingeht (vgl. Kapitel 8.2 Bewertung), kann das Konzept des Autonomen Sprachenlernens auch dort umgesetzt werden, wo Ziffernnoten und staatliche Abschlüsse (noch) im Vordergrund stehen. Der Fokus liegt dabei stets auf den Schülerinnen und Schülern als aktive und kreative Wesen, verantwortlich für ihr eigenes Lernen und Handeln. Das Autonome Lernen geht die Wege, die eine moderne Pädagogik und die Schule der Zukunft brauchen.

2.4 Autonomes Lernen im 21. Jahrhundert

Auch wenn die Anfänge des Autonomen Lernens in den 1970er-Jahren liegen, erweist sich dieser Ansatz als besonders zukunftsträchtig. Jüngste Erkenntnisse der Hirnforschung und die daraus entstehende Neurodidaktik bestätigen die Prinzipien der Lernerautonomie in jeder Hinsicht:

> *Die eigenständige Steuerung der Rahmenbedingungen von Lernprozessen ist konstitutiv für den Lernprozess selbst. Mit anderen Worten: Die konkrete Umsetzung und Anwendung sind ein Teil des Lernprozesses, sie erst vollenden den Lernprozess. Die Herstellung einer zeitlichen Abfolge*

> *bedingt, dass die Schüler einen Plan zur Lösung einer Aufgabe selbst herstellen, d. h., auch die einzelnen Erarbeitungsschritte nennen können, Methoden und Informationsbeschaffungstechniken kennen, über Strategien der Erarbeitung verfügen, all dies auf ein selbständig gewähltes Ziel hin ausrichten und dann auch erfüllen können.* (Arnold, 2020, S. 250)

Auch bezogen auf das Sprachenlernen bestätigen aktuelle neurologische Forschungsergebnisse die Herangehensweise der Lernerautonomie. Heiner Böttger fordert in seiner „Neurodidaktik des frühen Sprachenlernens" einen Paradigmenwechsel im frühen Fremdsprachenunterricht.

Als Voraussetzung für selbstgesteuertes Lernen brauche es kognitive Strategien für den Wechsel:

> - *von teaching zu learning*
> - *von preaching zu practising*
> - *von didaktisiert zu authentisch*
> - *von Vorgabe zu Mitbestimmung und Wahl*
> - *von Zwang zu Verhandlung*
> - *von Reproduktion zu Produktion*
>
> (Böttger, 2016, S. 201)

Die Neurodidaktik liefert somit weitere gute Begründungen für ganzheitliche und auf die Individualität der Lernenden bezogene Unterrichtskonzepte wie die Lernerautonomie.

Eine weitere Bestätigung erfuhr das Autonome Sprachenlernen in der Zeit der globalen Pandemie. In der praktischen Erfahrung der Autorinnen konnten Kinder, die gewohnt waren, ihre Arbeit eigenständig zu planen, durchzuführen und zu reflektieren, besonders gut mit den erschwerten schulischen Bedingungen während des Distanzunterrichts umgehen und ihre sprachlichen Fähigkeiten auch ohne Präsenz im Klassenzimmer gut weiterentwickeln.

Die Kolleginnen, die (noch) nicht bewusst nach den Prinzipien des Autonomen Lernens arbeiteten, machten während dieser Zeit ebenfalls die Erfahrung, dass ihre Klassen mit offenen Aufgabenformaten, in Teamarbeit und auf selbstgewählten Wegen zur Begegnung mit dem Lerngegenstand trotz der Erschwernisse gute Lernerfolge erzielten.

3 Autonomes Lernen in die Praxis umsetzen

Welche Schritte führen zur Lernerautonomie? Viele Elemente und Arbeitsformen aus diesem Konzept lassen sich jederzeit auch in den herkömmlichen Unterricht integrieren. Wenn man jedoch die Lernenden tatsächlich in den Mittelpunkt stellen will, sind einige wesentliche Aspekte umzusetzen. Dieses Kapitel bietet Bausteine für Autonomes Sprachenlernen und stellt dar, was gebraucht wird, um Schülerinnen und Schülern die Entwicklung ihrer Eigenständigkeit zu ermöglichen.

Im Vordergrund stehen dabei immer ein freudvolles Entdecken und Erobern der Sprache, angstfreies und gemeinsames Lernen sowie die Bestärkung der Lernenden durch das Sichtbarmachen ihrer Lernschritte und -fortschritte und das Erleben von Selbstwirksamkeit in der Fremdsprache.

3.1 Eine veränderte Rolle von Lehrkräften, Schülerinnen und Schülern

3.1.1 Die Rolle der Lehrkraft

Die Rolle der Lehrkraft beim Autonomen Lernen ist eine ganz andere als im gebundenen Unterricht. Man kann verschiedene Aufgabenbereiche unterscheiden (vgl. Wintek, 2012):

- Managerin und Organisator: Die Lehrkraft stellt passende Aktivitäten für die jeweilige Altersstufe bereit – diese sollen das Interesse der Kinder und Jugendlichen und ihre Motivation fördern und müssen mit klarer Arbeitsanweisung und Erwartungshaltung eingeführt werden.
- Vermittlerin, Moderator: Die Lehrkraft fördert die Motivation der Lernenden und schärft ihr Bewusstsein für ihre eigenen Lernprozesse. Sie gibt Unterstützung bei der Planung, Durchführung und Evaluierung von Aufgaben. Außerdem vermittelt sie Wissen und Kompetenzen in der Zielsprache. Daran wird deutlich, dass autonome Schüler keineswegs allein lernen sollen, sondern von der Lehrkraft begleitet und unterstützt werden.
- Beratende: Die Lehrkraft berät Schülerinnen und Schüler und unterstützt sie durch Feedback in ihrem Lernprozess.
- Ko-Lernerin: Auch die Lehrkraft begreift sich als lernendes Wesen. Sie lernt von und mit ihrer Klasse und wächst an diesen Erfahrungen.

Die erste und wichtigste Aufgabe der Lehrkraft in der Umsetzung des Autonomen Sprachenlernens ist es jedoch, loszulassen und das Steuer abzugeben, damit die Lernenden die Steuerung ihrer Lernprozesse übernehmen können. Das ist eine andere Rolle als die, die viele Lehrkräfte kennen. Wenn sie in dieser veränderten Rolle agieren,

- zeigen sie den Lerngruppen neue Arbeitsmethoden.
- sind sie offen für Ideen und Anregungen von Schülerinnen und Schülern.
- ermöglichen und unterstützen sie Eigeninitiativen.
- leiten sie die Selbstevaluation der Lernenden an und werten diese gemeinsam mit ihnen aus (siehe Kapitel 8.1 Evaluation).
- beobachten sie das Lernverhalten und dokumentieren dieses für gemeinsame Auswertungen.
- sind sie sich der Individualität und Komplexität ihrer Schülerinnen und Schüler bewusst.
- verwenden sie die Zielsprache und ermuntern die Lerngruppe auch dazu.
- informieren sie die Schüler und Eltern über den Unterricht: Was machen wir und warum?
- sind sie selbst Lehrende und Lernende zugleich (Ko-Lerner) und richten ihren Fokus auf das Lernen statt auf das Unterrichten.

Bei den Lehrkräften beinhaltet die Veränderung ihrer Rolle einen Entwicklungsprozess und Perspektivwechsel, der sich vor allem in ihrer Haltung vollzieht.

Leni Dam: *A shift in focus from teaching to learning.*

Diese veränderte Haltung hat nicht mehr das Unterrichten, sondern das Lernen im Fokus. Konkret bedeutet das, dass die Lehrkraft sich nicht mehr fragt: „Wie kann ich das unterrichten?“, sondern stattdessen: „Wie können meine Schülerinnen das lernen? Und wie kann ich sie darin unterstützen?“.

3.1.2 Die Rolle der Schülerinnen und Schüler

Auch bei den Lernenden ist es das Ziel, ihre Haltung entsprechend zu verändern: Ihre Lehrkräfte wollen sie befähigen, selbstständig zu entscheiden, was sie warum und wie lernen und die eigene Arbeit selbst zu evaluieren. Auch die Rolle der Schüler verändert sich: Beim Autonomen Lernen sind die Lernenden stets aktiv. Damit ist nicht nur gemeint, dass sie Aufgaben erledigen, sondern dass sie am Lerngeschehen teilhaben, die Lernprozesse mitgestalten. Aktive Schülerinnen und Schüler

- sind an sozialen Prozessen des Lernens beteiligt, weil sie mit anderen zusammenarbeiten und Themen und Vorgehensweisen aushandeln.
- definieren eigene Ziele, wählen relevantes Material oder passende Aktivitäten zum Erreichen dieser Ziele aus, evaluieren das eigene Lernergebnis.
- sind bereit und gewillt, eigenes Lernen selbst in die Hand zu nehmen und Verantwortung dafür zu übernehmen.
- beteiligen sich an der Verbesserung von Abläufen und Unterrichtsgeschehen.
- fühlen sich mitverantwortlich für das Lernen und Wohlbefinden ihrer Lerngruppe.

Dies geschieht nicht an einem Tag. Es braucht Zeit, um die Veränderungen schrittweise umzusetzen. Zunehmend sollen die Aktivitäten innerhalb des autonomen Klassenzimmers von den Kindern und Jugendlichen ausgehen. Das bedeutet, dass sie selbst auswählen und entscheiden, was sie machen wollen (*learner-initiated activities*).

Die Kontrolle des Lernens geht somit in einem kontinuierlichen Prozess von den Lehrkräften zu den Schülerinnen und Schülern über. Es ist ein Prozess, der immer weiter fortgesetzt werden kann. Er läuft auch nicht in jeder Klasse gleich ab. In der Arbeit mit jeder Klassengemeinschaft entwickeln sich neue Schwerpunkte und entstehen möglicherweise neue Herausforderungen; die Arbeit mit jeder Klasse bringt neue Impulse.

3.2 Lernen unterstützen durch *Scaffolding*

Das Wort *Scaffolding* bedeutet in der Alltagssprache „Gerüst“ oder „Baugerüst“ oder das Erstellen eines solchen. Gemeint ist damit eine Konstruktion, die den Fortgang der Arbeit und das Gelingen des Bauprojekts ermöglicht. Im Hinblick auf Lernprozesse wird der Begriff ganz ähnlich verwendet: im Sinne von Hilfestellungen, die es Lernenden ermöglichen, neue Kompetenzen, neues Wissen oder tieferes Verständnis zu erreichen (vgl. Gibbons, 2015, S. 16).

Scaffolding findet statt, wenn die Lehrkraft zeigt und/oder erklärt, wie man etwas macht, z. B. *How to make word cards.* Diese Anleitung kann mündlich und/oder schriftlich stattfinden, dann meist durch Poster, die für alle sichtbar aufgehängt werden.

Scaffolding findet vor allem auf der sprachlichen Ebene statt, wenn die Lehrkraft den Schülerinnen auf Anfrage und bei Bedarf sprachliche Mittel in Form von Wörtern, Wendungen, Satz- bzw. Frageanfängen oder -mustern zur Verfügung stellt. Das sollte man sich immer als dialogischen Prozess vorstellen, bei dem Lehrkräfte und Schüler und manchmal die Lernenden untereinander im Gespräch sind. Wenn eine Schülerin oder ein Schüler eine Frage stellen, wird mit dieser Frage der Lern- und Erkenntnisprozess der anderen unterstützt. Diese Interaktion ist ein sehr wichtiger Bestandteil des *Scaffolding* und erst durch diese Dialoge entsteht eine passgenaue Unterstützung.

Visuelle Hilfsmittel für die Sprachproduktion, die die Lehrkraft aus dem Dialog mit der Lerngruppe erstellt, können in Form von Postern angeboten werden. Sie lassen sich aber auch als Handout oder als Kartei gestalten.

Scaffolding wird nicht nur von der Lehrkraft bereitgestellt; auch wenn sich Lernende einander dabei unterstützen, ein gesetztes Ziel zu erreichen, findet *Scaffolding* statt. Das beginnt schon, wenn sie interessierte Mitstreiter für eine Aufgabe suchen, die Aufgabenstellung erklären oder vereinfachen und zur Weiterarbeit an der gemeinsamen Aufgabe motivieren. Im Austausch von Ideen und Lösungsansätzen sowie im Aushandeln von sprachlichen Mitteln findet diese Unterstützung ebenfalls zwischen Schülerinnen und Schülern statt (vgl. Thomsen, 2003, S. 35–39).

3.3 Die Zielsprache verwenden

Um alle von Anfang an daran zu gewöhnen und zunehmend eine authentische Kommunikation in der Zielsprache zu ermöglichen, ist es wichtig, ab der ersten Unterrichtsstunde Englisch zu sprechen: Die Muttersprache bzw. die Arbeitssprache Deutsch sollte von der Lehrkraft so wenig wie möglich oder nur ergänzend verwendet werden. Wenn in der Klasse regelmäßig Aussagen, Anweisungen und Fragen in der Zielsprache formuliert werden, prägen sie sich schnell ein. Um Missverständnisse auszuräumen und vor allem um die Beziehung zwischen Lehrkraft und Klasse zu stärken, empfiehlt sich allerdings der punktuelle Einsatz der Muttersprache im Sinne einer aufgeklärten Einsprachigkeit (vgl. Butzkamm, 2007).[3] Wichtig ist es, dass die Zielsprache Englisch von Anfang an akustisch und visuell stets präsent ist.

Vor allem die Arbeit des sprachlichen *Scaffolding* ermöglicht, dass die Lernenden die Zielsprache bald für den Ausdruck ihrer ureigenen Ideen oder Gedanken nutzen können. Als Zwischenschritt werden sie diese häufig in der Muttersprache formulieren; mithilfe der Poster und regelmäßiger Nutzung, z. B. in ihrem Logbuch, erweitern sie jedoch schrittweise ihr sprachliches Repertoire.

Selbst bei älteren und fortgeschrittenen Lernenden ist es nicht selbstverständlich, dass sie in der Gruppenarbeit konsequent und durchgehend die Zielsprache nutzen. Durch konkrete Fragen zur Evaluation der Gruppenarbeit (*How much of the time were you speaking English?*) wird ihnen dies bewusst. Im Gespräch mit der Lehrkraft können Möglichkeiten gesammelt werden, den Anteil der Zielsprache in der Gruppenarbeit zu erhöhen. Entsprechende Vorschläge, z. B. eine Mitschülerin als *language monitor* zu installieren, die sie an den Gebrauch der Zielsprache erinnert, sollten von den Lernenden kommen und von ihnen ausgewählt werden. Weitere Evaluationen werden zeigen, ob die Maßnahmen den Zielsprachengebrauch gefördert haben. War dies nicht der Fall, gilt es, nach weiteren Möglichkeiten zu suchen und diese auszuprobieren.

Lehrkräfte können und sollten vermitteln, dass sie nicht die alleinigen sprachlichen Vorbilder in einer Klasse sind. Auch Schülerinnen und Schüler mit mehr Vorkenntnissen oder größerem Mut zum Sprechen können zu wichtigen Vorbildern für die anderen werden. Manchmal bringen sie sogar eigene Erfahrungen zu Aussprache und Wortschatz mit, die zeigen, dass es nicht nur eine einzige Variante von Englisch gibt, sondern dass diese Weltsprache sehr facettenreich ist. Wer mehr Vorkenntnisse hat, kann sich als Helfer anbieten; eine Liste mit den entsprechenden Namen der Ansprechpartner für andere kann als Poster aufgehängt werden.

3 Unter „aufgeklärter Einsprachigkeit“ versteht Butzkamm „die regelmäßige, systematische Mithilfe der Muttersprache im fremdsprachlichen Anfangsunterricht, mit dem Ziel, den Unterricht zunehmend einsprachig, d. h. in der Fremdsprache selbst zu gestalten.“ http://fremdsprachendidaktik.de/?p=1473 (zuletzt aufgerufen am 21. 10. 2022)

3.4 Das Klassenzimmer

Eine andere Lern- und Arbeitsform als der bekannte Frontalunterricht im Gleichschritt braucht auch eine andere Umgebung. Das Klassenzimmer ist ein authentischer Lernraum, eine Umgebung, in der Sprachenlernen stattfindet.

Die Reformpädagogin Maria Montessori hat mit dem Begriff der „Vorbereiteten Umgebung“ das Bewusstsein für die Lernumgebung in der Schule geweckt. In dieser Umgebung sollen sich Kinder und Jugendliche wohl fühlen, sich gut orientieren können und ein vielfältiges Lernangebot vorfinden (vgl. Lillard, 1996, S. 59). Das ist auch für den Weg zur Lernerautonomie wichtig, doch ein typisches Montessori-Klassenzimmer braucht man dafür nicht.

Ob man einen Raum betritt oder jemanden neu kennenlernt: Der erste Eindruck ist entscheidend. Neben Atmosphäre und Ästhetik geht es bei der Gestaltung des Klassenzimmers aber auch um Struktur und Orientierung für alle, die darin arbeiten:

- Das Englischmaterial in den Regalen ist auf den ersten Blick zu erkennen, weil eine festgelegte Farbe, z. B. Gelb, für die Beschriftung und für Behälter und Schachteln verwendet wird.
- Englische Bücher haben auf dem Rücken einen farbigen, z. B. gelben, Punkt.
- Lektüren sind in unterschiedlichen Schwierigkeitsgraden vorhanden.
- Unterschiedliche Kompetenzbereiche und Arbeitsformen sind in den Regalen ausgewiesen, z. B. *Writing: Letters, Stories, Picture prompts, Poems.*

Abb. 2 **Englischbereich in einem Klassenzimmer**

- Im Raum hängen Poster mit Übersichten und Arbeitshilfen. Damit man gleich erkennt, dass sie zum Fach Englisch gehören, sind auch sie farblich gekennzeichnet (siehe Abb. 3).
- Die Arbeitstische sind so angeordnet, dass Partner- und Gruppenarbeit problemlos möglich ist. Wenn die Tische nicht dauerhaft zusammenzustellen sind, können sich Einzelne auch durch Umdrehen ihrer Sitzposition zu Gruppen zusammenfinden.

Diese Ordnungsprinzipien helfen allen, sich im Raum zu orientieren und das zu finden, was sie brauchen. Die äußere Struktur des Raumes ist auch deshalb wichtig, weil sie auf die innere Struktur und die Haltung der Schülerinnen und Schüler wirkt (vgl. Lillard, 1996, S. 56). Eine Farbgestaltung macht den Raum zudem freundlich und ansprechend. Die Ästhetik einer schönen Lernumgebung wirkt auf alle motivierend, die sich darin aufhalten (siehe Abb. 2).

Es ist hilfreich, wenn die Klasse für ein Gespräch oder für eine Präsentation einen Kreis bilden kann. Das muss nicht notwendigerweise ein Stuhlkreis sein, sondern

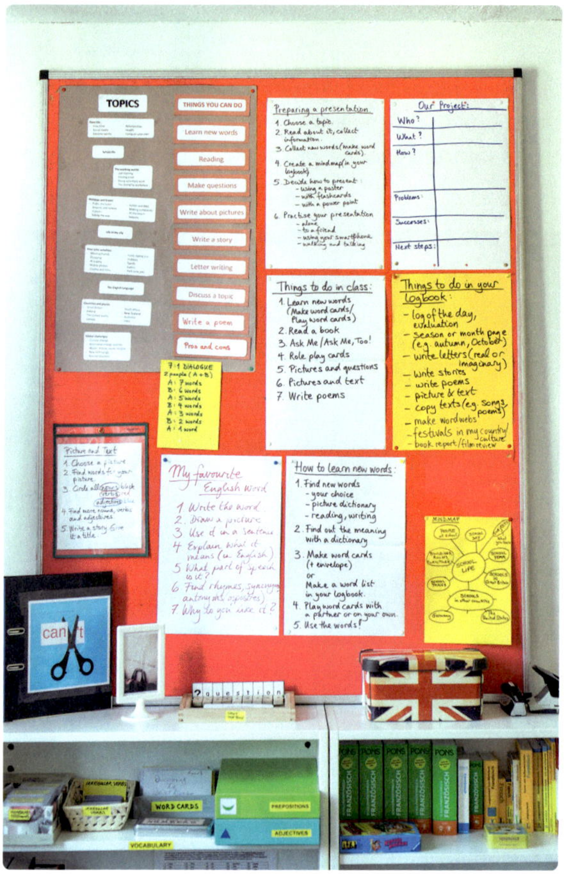

Abb. 3 **Poster und Übersichten**

lässt sich auch erreichen, wenn die Schülerinnen und Schüler ihre Stühle an den Gruppentischen jeweils zur Raummitte hin drehen und sich einander zuwenden.

Ein attraktiver und lernförderlicher Unterrichtsraum kann mit den einfachsten Mitteln gestaltet werden. Das kann so aussehen:
- Auf Plakaten wird die alltägliche Arbeit dokumentiert (siehe Kapitel 3.8 Dokumentation und Evaluation des Lernens).
- Ein (kleiner) Bereich, etwa eine Pinnwand, informiert über „Aktuelles“: z. B. über Themen, Präsentationstermine, Arbeiten für zu Hause bzw. mitzubringende Dinge, den Lehrplan bzw. Kompetenzen der Altersstufe, die in einem Zeitabschnitt, etwa zwischen zwei Ferien, wichtig sind.
- In einem Regal werden Bücher und Materialien zu aktuellen Themen präsentiert.
- Fertige Arbeiten aus abgeschlossenen Projekten können auf einem Tisch o. Ä. ausgestellt werden.
- Als Flächen für die Präsentation von Informationen und Hilfestellungen sind Tische oder Regale, Türen, Fenster und sogar die Seitenwände der Regale geeignet – was immer der Raum zu bieten hat. Selbst wenn Wandflächen fehlen, lässt sich eine Leine spannen, an die Plakate mit Wäscheklammern aufgehängt werden können.

3.4.1 Poster

Poster oder Plakate geben beim Lernen Orientierung und Unterstützung. Im lernerautonomen Klassenzimmer finden sich zwei Arten von Postern. Es gibt einerseits Poster, die **von der Lehrkraft** erstellt werden und Anforderungen und Erwartungen darstellen:
- **Übersichten** über Themen des Schuljahres aus dem Lehrplan,
- **Prüfungsabläufe** und **prüfungsrelevante Aufgabenformate,**
- Erwartungen, wie mit dem Logbuch gearbeitet wird (je nach Altersgruppe): Inhalte und Layout.

Daneben finden sich zahlreiche Poster, die **in Interaktion mit den Lernenden** entstehen und die deren Lernprozesse begleiten und unterstützen. Sie geben Hilfestellung und entstehen im Kontext der aktuellen Aufgabe und im Dialog zwischen Lernenden und Lehrkraft. Hier finden sich
- Ideen für Schüleraktivitäten,
- Beispiele für *Mind maps,*
- Wortschatz und Wendungen, die bei den Aktivitäten gebraucht und nachgefragt werden,
- Formulierungen für Schüler-Evaluationen, basierend auf dem, was Schülerinnen und Schüler ausdrücken möchten,
- Beispiele für sprachliche Formen (Grammatik) für höhere Jahrgänge,
- Projektplanung durch die Lernenden (siehe Kapitel 6.1 Einzelprojekte),

- Plakate, die erläutern, wie man etwas macht (*How to* ...),
- sprachliche Mittel.

Die Plakate können an den Wänden auch unter Überschriften (z. B. *Things we can do, Lesson Plans [for project work], Who does what?)* platziert werden, dann sind sie noch übersichtlicher.

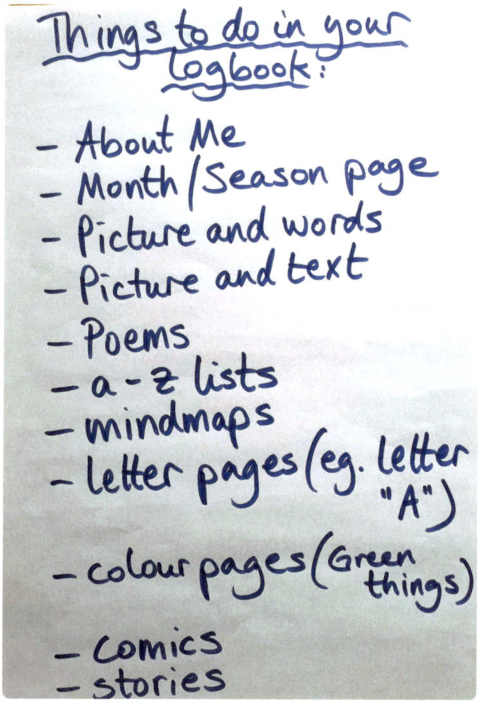

Abb. 4 **Poster *Things to do in your logbook***

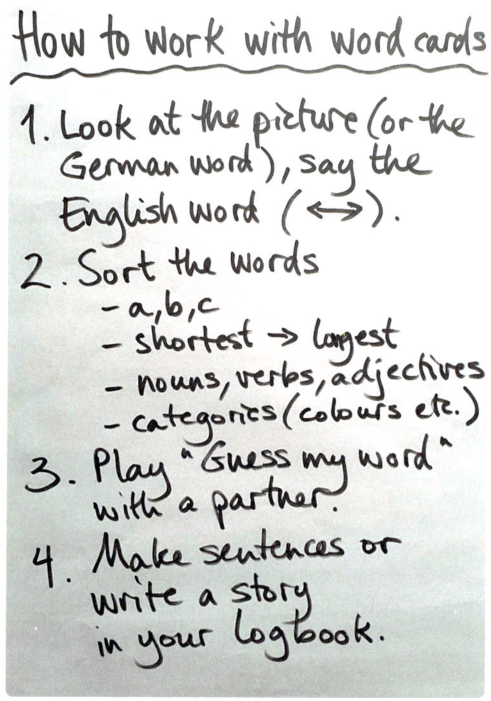

Abb. 5 **Poster *How to work with word cards***

Wenn die Schülerinnen und Schüler z. B. ihre Arbeit evaluieren, brauchen sie womöglich Ideen, Wortschatz und vielleicht auch Satzbausteine. Diese sammelt die Lehrkraft während des Schreibprozesses im gemeinsamen Gespräch und hält sie auf Postern fest. Auf diese Poster können sich die Lernenden in ihrer Arbeit immer wieder beziehen, und die Sammlungen können bei Bedarf ergänzt werden.

So können die Kinder und Jugendlichen in ihrer Sprachentwicklung auf natürliche Weise individuelle Lernfortschritte machen, die an ihren jeweiligen Lernstand anknüpfen. Außerdem sind sie durch ihre Ideen, Fragen und Beiträge, die auf den Postern festgehalten werden, sichtbar in den Lernprozess einbezogen. Dadurch erfahren sie die notwendige Wertschätzung, die sie darin bestärkt, ihr eigenes Lernen in die Hand zu nehmen.

Abb. 6 Poster mit Überschriften

Ein anderes überzeugendes Motiv für die Arbeit mit Postern ist ihre Einfachheit: Man braucht nur festes Papier, am besten im Format A3, und dicke Stifte; die Poster sind leicht zu transportieren und können, wenn sie aktuell nicht gebraucht werden, in einer Zeichenmappe im Klassenraum aufbewahrt und jederzeit hervorgeholt werden. Zusätzlich kann man sie auch auf A4 verkleinern, nach Kategorien geordnet in einer eigenen Mappe sammeln und damit den Verlauf des Schuljahres und der Lernprozesse dokumentieren.

3.5 Materialien

Wenn wir planen, was Schülerinnen und Schüler im Klassenzimmer benötigen, um autonom arbeiten zu können, hilft uns die Unterscheidung zwischen *Process materials* und *Content materials* (vgl. Candlin, 1979).

Content materials sind Materialien, die Sprachproduktion anstoßen und ermöglichen, also Fotos und Bilder, Audio- und Videoquellen, Bücher und Texte aller Art, Zeitungen und Zeitschriften, Nachschlagewerke und natürlich das Internet.

Content materials

- Unterschiedliche Wörterbücher, z. B. Bildwörterbücher, ein- und zweisprachige Wörterbücher, Synonym- und Reimwörterbücher etc.,
- thematisch geordneter Wortschatz für Mittelstufe oder Oberstufe etc.,
- Enzyklopädien für Kinder und Jugendliche,
- altersgemäße Lektüren und Bilderbücher,
- Sachbücher mit altersgemäßen und lehrplanrelevanten Themen auf dem Sprachniveau der Lernenden,
- Zeitungen und Zeitschriften, auch mit ansprechendem Bildmaterial,
- Fotos, Postkarten, anregende Bilder aller Art (z. B. aus alten Kalendern),
- Prospekte und Broschüren (kostenloses Werbematerial),
- Audio- und Videomaterial.

Abb. 7 ***Content materials:*** **verschiedene Wörterbücher**

Zu den *Content materials* im Klassenzimmer zählen auch viele der Produkte, die Schüler erstellt haben: *Dominoes, Picture lotto, Mini-books* etc. (siehe Kapitel 5). Diese bleiben im Klassenzimmer und werden für das laufende Schuljahr Teil der Lernumgebung. Sie können von allen genutzt werden.

Abb. 8 ***Content materials:*** **Bücher, Zeitschriften, Landkarten etc.**

Abb. 9 ***Content materials:*** **selbsterstelltes Material**

Process materials sind alle Übersichten, Ideen und Anleitungen für die Nutzung der *Content materials* und für die Überarbeitung und Evaluation dessen, was die Lernenden gemacht haben. Dazu zählen z. B. *Logbook guidelines, Things to do in your logbook, What to do with word cards, How to write a good letter / story / film review.* Diese Übersichten können, wie oben beschrieben, als Poster, als Listen für die Logbücher der Schüler, aber auch als kleine Handbücher oder Karteien aufbereitet sein und stehen somit im Klassenzimmer allen zur Verfügung.

Zu den *Process materials* kann man auch alle Materialien zählen, die die Schülerinnen für die Herstellung eigener Produkte benötigen, also Papier, Vorlagen für *Word cards* oder *Dominoes,* Beispiele für die Erstellung solcher Produkte und ein „Ideenlogbuch" (mit Ideen und Anregungen für die Logbücher, siehe Kapitel 4 Logbuch). *Process materials* werden dort vorgestellt und mit Beispielen ergänzt, wo sie im Folgenden benötigt werden.

3.6 Aktivitäten – *Umbrella tasks*

Der Begriff *Umbrella task* stammt von Leni Dam. Sie verwendet ihn als Synonym für offene Aufgaben und für Aktivitäten, an denen alle Mitglieder einer Lerngruppe unabhängig von Alter und Lernstand teilnehmen können. *Umbrella tasks* stellen eine natürliche Differenzierung her, die sich aus der individuellen Bearbeitung durch die Schülerinnen und Schüler ergibt. Diese Aktivitäten geben den Lernenden die Möglichkeit, sich von ihren jeweiligen Lernständen aus weiterzuentwickeln.

Alle Tätigkeiten, die in diesem Buch vorgestellt werden, gehören dazu:
- Arbeit mit dem Logbuch (siehe Kapitel 4),
- *Word cards, Dominoes, Picture lotto* etc. erstellen und verwenden (siehe Kapitel 5.1),
- *Picture dictation* (siehe Kapitel 5.2.4),
- Textproduktion auf jeder Niveaustufe, z. B. *Picture and text, Mini-books, Story writing, Cooperative writing* (siehe Kapitel 5.3),
- von Schülerinnen und Schülern initiierte Projekte: *Creating a magazine or play etc.* (siehe Kapitel 6.1).

Wenn Kinder oder Jugendliche z. B. gemeinsam ein Theaterstück entwickeln, tragen alle mit ihren Ideen und sprachlichen Vorschlägen zum Entstehen des Textes und zur szenischen Umsetzung bei. Jeder lernt etwas dazu. Bei der Aufführung kann eine weitere Differenzierung stattfinden, wenn einige Sprechrollen übernehmen, während andere sich um Kostüme und Bühnenbild kümmern oder Statistenrollen spielen. So entsteht ein gemeinsamer Raum, in dem alle ihren Platz finden, wie unter einem großen Schirm.

3.7 Ablauf und Struktur der Arbeit im Klassenzimmer

Damit das „Heft des Handelns“ tatsächlich und in immer größerem Maß von der Lehrkraft auf die Lernenden übergeht, braucht es einen klaren zeitlichen Rahmen, innerhalb dessen jeder weiß, was geschieht und was zu tun ist. Dieser Rahmen sollte so übersichtlich sein wie die äußere Lernumgebung (siehe Kapitel 3.4 Das Klassenzimmer).

Es hat sich als sinnvoll erwiesen, die zur Verfügung stehende Unterrichtszeit in drei verschiedene Abschnitte zu unterteilen:
- die **Lehrerzeit** oder ***Teacher time,***
- die **Schülerzeit** oder ***Students' time*** und
- die **gemeinsame Zeit** oder ***Together time.***

Alles, was in jedem dieser drei Abschnitte stattfindet, wird im Logbook festgehalten. Symbole können diese Struktur zusätzlich sichtbarmachen (siehe Kopiervorlage KV 1, S. 139):

Abb. 10 Strukturierung der Arbeit im Klassenzimmer

3.7.1 Lehrerzeit – *Teacher time*

In der *Teacher time*, zu Beginn einer Unterrichtseinheit, steuert die Lehrkraft das Geschehen für die gesamte Klasse oder Lerngruppe. Sie legt die Tagesordnung fest, gibt thematischen oder methodischen Input (*About .../How to ...*) oder stellt neue Materialien und Aktivitäten vor, aus denen Schülerinnen und Schüler anschließend auswählen können. Was die Lehrkraft an dieser Stelle einbringt, kann sich am Lehrplan orientieren, es kann sich aber auch aus ihren Beobachtungen und Schlussfolgerungen aus vorangegangenen Arbeitszyklen ergeben.

Jede neue Aktivität sollte das Vorwissen der Schüler und ihre Identität einbeziehen. Jede Aktivität sollte zudem eine *Umbrella task* sein, an der sich alle Lernenden beteiligen können und bei der es für jeden einen Lernzuwachs geben kann. Wichtig ist, dass alle jede neu vorgestellte Aktivität einmal ausprobieren und dabei kennenlernen, damit sie sich später dafür entscheiden können, wenn sie allein oder in Gruppen arbeiten. Jede Aktivität, die vorgestellt und ausprobiert wurde, wird auch ins Logbuch eingetragen, mit einer Evaluation durch die Schülerinnen und Schüler: *I liked / didn't like ..., because ...!* (siehe auch Kapitel 8.1 Evaluation).

Je nach Lerngruppe wird die Länge der *Teacher time* variieren: Das hängt vom Alter der Lerner ab und davon, wie viel Erfahrung sie bereits mit autonomen Arbeitsformen haben. Bei Anfängerklassen kann es sein, dass die *Teacher time* anfangs die gesamte Unterrichtszeit in Anspruch nimmt, wenn alle darin Gelegenheit bekommen, eine neue Aktivität auszuprobieren. Dann wird die Lehrkraft auch noch die anschließende Evaluation anleiten.

Fortgeschrittene Lernende, die bereits mehr Erfahrungen mit Lernerautonomie haben und die Struktur einer Unterrichtseinheit bereits kennen, wissen, was sie zu tun haben, wenn sie allein arbeiten. Bei ihnen kann sich die *Teacher time* auch auf die freundliche Begrüßung beschränken, gefolgt von ein paar einleitenden Bemerkungen. Damit verbleibt möglichst viel *Students' time* für selbstständiges Arbeiten.

Leni Dam: *Respect students' time. Then they will respect you and your time!*

3.7.2 Schülerzeit – *Students' time*

In der Schülerzeit steuern die Lernenden ihre eigenen Arbeitsprozesse. Sie arbeiten allein, in Paaren oder Gruppen an Aktivitäten oder Aufgaben, die sie aus den Vorschlägen der Lehrkraft und den bereits kennengelernten Formaten auswählen.

Die Lernenden sitzen auch dann in Gruppen zusammen, wenn sie allein arbeiten. Damit bleibt soziales Lernen möglich, und sie können unabhängiger von der Lehrkraft agieren – beides Elemente, die einen Zuwachs an Autonomie fördern.

Die Schülerzeit beginnt immer mit einem *Two-minute-talk* (siehe Kapitel 5.2.6 Sich unterhalten). Daran schließt sich das *Sharing homework* an, bei dem die Einzelnen einander zeigen, woran sie zu Hause gearbeitet oder was sie vorbereitet haben (siehe Kapitel 7.1.1 Hausaufgaben teilen). Daraufhin arbeiten sie weiter an bereits begonnenen Arbeiten oder beginnen allein oder zusammen mit anderen eine neue Aktivität (siehe Kapitel 5 Schülerinnen und Schüler sind produktiv).

Die Schülerzeit endet damit, dass jede Schülerin und jeder Schüler in ihrem/seinem Logbuch einträgt *What to do at home* (siehe auch Kapitel 7.1 Neukonzeption von Hausaufgaben) und die vorangegangene Arbeitszeit in der *End of day evaluation* evaluiert (Beispiele siehe Kapitel 8.1 Evaluation).

Sobald die Lernenden den kompletten Zyklus der Planung, Durchführung und Evaluation selbstständig durchführen können, erstellen sie einen Vertrag mit sich selbst, in dem sie ihre Vorhaben für einen längeren Zeitraum, in der Regel für einen Monat, formulieren (siehe Kapitel 4.2.6 Monatsverträge). Parallel dazu erstellen sie möglicherweise auch Pläne für Projekte, an denen sie gemeinsam mit anderen arbeiten, sowie Poster, die sie in der Klasse aufhängen, damit ihre Mitschülerinnen und Mitschüler sich über ihr Vorhaben informieren können. Auf diese Poster beziehen sich die Projektgruppen auch, wenn sie später ihre Arbeit der ganzen Klasse präsentieren (siehe Kapitel 6.1 Einzelprojekte).

3.7.3 Gemeinsame Zeit – *Together time*

Am Ende einer Unterrichtseinheit kommt die Gruppe in der *Together time* wieder zusammen. Jetzt werden Beobachtungen und Reflexionen geteilt, basierend auf den Logbucheinträgen der vorangegangenen Arbeitsphase. Es finden auch Präsentationen von Arbeiten oder Projekten statt, die einzelne oder Gruppen ausgeführt haben. In der gemeinsamen Zeit gibt es Raum, um Ideen für nächste Schritte zu sammeln, z. B. dazu, was eine Gruppe oder die Klasse als nächstes Vorhaben angehen könnte. Festgehalten werden auch diese Punkte im Logbuch, so wie in der vorangegangenen *Students' time*.

Auch hier findet *Sharing* statt: in Form von Präsentationen für die ganze Klasse. Mit anderen teilen können die Schülerinnen und Schüler ein Produkt, das in der vorangegangenen Zeit entstanden ist, z. B. eine Geschichte, ein Rollenspiel, einen Comic. Geteilt werden ebenfalls die Zwischenberichte und Evaluationen der Projektarbeit der verschiedenen Gruppen. Auf diese Weise erfahren die Schülerinnen und Schüler von den Erfolgen oder Schwierigkeiten der anderen (siehe Kapitel 6.1 Einzelprojekte).

In der *Together time* kann aber auch ein von Lernenden angeregtes oder angeleitetes Spiel stattfinden, eine Geschichte vorgelesen oder ein Lied gesungen werden.

> **Leni Dam:** *Do something nice at the end, and your learners will come out of the classroom with a smile!*

3.7.4 Gruppenarbeit

Die Bedeutung der Gruppenarbeit beim Autonomen Lernen kann man nicht hoch genug einschätzen: In der Gruppenarbeit wird Lernen gemeinsam konstruiert, wenn sprachliche und inhaltliche Aspekte ausgehandelt werden. Dabei entwickeln und finden die Lernenden ihre eigene Sprache. Sie erleben und beziehen das Wissen der anderen in ihre Arbeit ein. Es geht also sowohl um ein Lernen miteinander als auch voneinander (*Peer-tutoring*), von dem alle profitieren. In der Gruppenarbeit kann jeder seine besonderen Fähigkeiten und Stärken zum Nutzen des gemeinsamen Arbeitens einbringen.

Um allen die Gelegenheit zu geben, jede Mitschülerin und jeden Mitschüler in der Partnerarbeit kennenzulernen, kann man unterschiedliche Vorgaben machen. Wichtig ist dabei, den Kindern oder Jugendlichen zugleich Wahlmöglichkeiten zu lassen.

How to find (a) new partner(s):

- *Find someone you haven't worked with before.*
- *Find someone with a different colour or length of hair from yours.*
- *Find someone you can help.*
- *Find someone who can help you.*
- *Find someone of the opposite sex.*
- *Find someone you haven't talked to today.*
- *Find someone who ...*

Wenn die Lernenden einer Gruppe sich durch diese verschiedenen Varianten kennengelernt haben, können sie besser entscheiden, mit wem sie gut arbeiten können.

Leni Dam: *Don't allow anyone to be excluded. The focus should be on learners working together, whether they are friends or not and finding out something about themselves and the other persons in the process.*

3.8 Dokumentation und Evaluation des Lernens

Essentieller Bestandteil der Entwicklung von Lernerautonomie ist, dass die Schüler aufschreiben, was sie tun, wie sie es tun, warum und mit welchem Ergebnis. Sie erledigen dies zunächst schriftlich, auch wenn sie das Aufgeschriebene anschließend unter Umständen mit der Klasse mündlich teilen. Im Schreiben im Logbuch findet wichtige authentische Sprachproduktion statt; hier wird zugleich der Lernprozess auf einer höheren Ebene begleitet. Die Lernenden schlüpfen aus der Rolle der Akteure in die Rolle der Beobachter ihrer selbst. Indem sie diese Erkenntnisse festhalten, können sie sich später wieder auf sie beziehen, zugleich machen sie ihre Einsichten auch der Lehrkraft zugänglich.

Während die Schülerinnen und Schüler im Logbuch zunächst dokumentieren, **was** sie tun, macht die Evaluation sichtbar, **mit welchem Erfolg** dies geschehen ist und welche Faktoren dabei eine Rolle gespielt haben. Diese Erkenntnisse werden in den nächsten Planungsschritt einbezogen. Sobald man die Schülerinnen und Schüler fragt, **warum** sie etwas tun, reflektieren sie ihre Entscheidungen. Wenn man fragt, mit welchem Ergebnis, evaluieren sie ihre Arbeit.

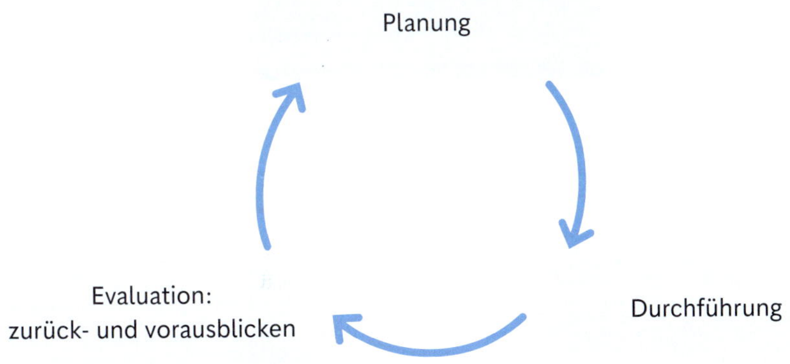

Abb. 11 Evaluation im Arbeitszyklus

In den folgenden Kapiteln zum Logbuch (Kapitel 4) und zu den Schüleraktivitäten (Kapitel 5) werden immer wieder konkrete Beispiele für Selbstevaluationen durch Lernende gegeben. In Kapitel 8 geht es dann ausführlich um die Art und Weise der Evaluation.

3.9 Erste Schritte

3.9.1 Mit Anfängern bzw. jungen Lernenden erste Schritte gehen

Autonomes Lernen ist in jedem Alter möglich! Jüngere tun sich mit dieser Art zu arbeiten oft leichter, weil sie noch nicht über so lange Zeit von anderen Unterrichtsformen geprägt wurden, zumindest im Bereich der Fremdsprache. Zudem haben junge Lernende eine natürliche Ernsthaftigkeit bei ihrer Arbeit, bringen einen großen Wissensdurst und Forscherdrang mit (vgl. Eckert, Burger & Möller, 2020, S. 26–27). Dies gilt vor allem für Kinder von sechs bis zwölf Jahren. Auch wenn Anfänger in einer Fremdsprache bereits älter sind, wie es bei der zweiten Fremdsprache meist der Fall ist, können sie mit dem Ansatz des Autonomen Lernens gut motiviert werden und erfolgreich individuelle Lernschritte gehen. Erwachsene Lerner mit einem hohen Grad an Motivation können ihr Lernen besonders gut selbst steuern.

Die folgende Ideensammlung hat das Ziel, die emotionale Beziehung der Lernenden aller Altersgruppen zur Sprache zu fördern. Das geschieht vor allem dann, wenn Bezüge zur eigenen Lebenswelt hergestellt werden.

<table>
<tr><th colspan="2">Erste Schritte für alle Lernenden</th></tr>
<tr><td colspan="2">
• Sie bringen englische Wörter/Dinge aus ihrem Alltag mit, z. B. Aufschriften auf T-Shirts, Verpackungen mit englischen Beschriftungen oder Anleitungen, Souvenirs von Reisen.
• Sie berichten von außerschulischen Erfahrungen mit der englischen Sprache (in ihrer Umgebung, von Reisen etc.).
• Die Lehrkraft aktiviert das sprachliche Vorwissen der Lernenden in Bezug auf Englisch (English words I already know!)
• Die Lehrkraft teilt mit den Lernenden die Themenplanung für das Schuljahr.
• Die Lehrkraft vermittelt klar ihre Erwartungen im Hinblick auf Arbeitshaltung, Logbuchführung, die Einhaltung von gemeinsam vereinbarten oder von der Lehrkraft gesetzten Regeln.
• Es wird von Anfang an mit dem Logbuch gearbeitet, verschiedene Aktivitäten werden schrittweise eingeführt.
• Mit dem Einsatz von Postern und Scaffolding kann sofort begonnen werden.
• Es finden von Anfang an Partnerarbeit und Gruppenarbeit statt.
• Wo es für die Verständigung notwendig ist, nutzen Lehrkraft und Lernende die Muttersprache.
• Insgesamt versucht die Lehrkraft von Anfang an, so viel wie möglich auf Englisch zu kommunizieren.
</td></tr>
<tr><th>Erste Schritte mit jungen Lernenden</th><th>Erste Schritte mit Anfängern, unabhängig vom Alter</th></tr>
<tr><td>
• Es werden viele Tätigkeiten mit Bildwörterbüchern angeboten.
• Es gibt feste Rituale, wie z. B. eine gleichbleibende Sprechaktivität zu Beginn der Unterrichtsstunde.
• Die Einführung des Logbuchs wird möglichst einfach und übersichtlich gestaltet, z. B. mit Smileys bei Evaluationen und durch die Nutzung von Bildmaterial aus Zeitschriften und Prospekten.
• Bildmaterial aus Zeitschriften und Prospekten wird angeboten.
• Für den gemeinsamen Teil der Unterrichtszeit sind Spiele, Lieder und Geschichten besonders wichtig.
</td><td>
• Hier kann man stärker an vorhandene Kenntnisse anderer Sprachen anknüpfen.
• Es empfiehlt sich, die bisherigen Erfahrungen der Lernenden mit Arbeitsweisen und Lernformen zu sammeln und zu reflektieren.
• Bei der Einführung des Logbuchs können die bisherigen Erfahrungen mit der Heftführung reflektiert werden.
</td></tr>
</table>

Zu Beginn liegt das Ziel vor allem im *Awareness raising*, also in der Schärfung der Wahrnehmung für die Sprache. Ziel ist es, ein Bewusstsein dafür herzustellen, worum es beim Sprachenlernen eigentlich geht. Anfangs kann hierbei das Sammeln von Ideen zu folgenden Fragen hilfreich sein:

- *Why do I learn English?*
- *How do I learn English?*

Diese Aktivität ist auch nützlich, um ältere bzw. fortgeschrittene Lernende in die Lernerautonomie einzuführen. Dabei werden ihnen ihre eigenen Motive ebenso deutlich wie die Möglichkeiten, die sie schon nutzen, um ihre Ziele zu erreichen.

Aus der Sammlung aller Ideen der Klasse können wieder Poster entstehen. Verkleinert bzw. abgetippt und ins Logbuch eingefügt, kreuzen die Schülerinnen und Schüler an, was auf sie zutrifft, und sehen zugleich, welche weiteren Möglichkeiten es gibt.

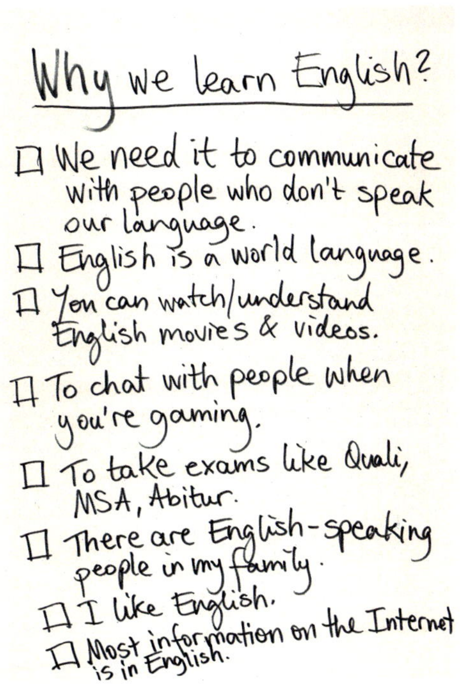

Abb. 12 **Poster** ***Why we learn English***

Abb. 13 **Poster** ***How we learn English***

3.9.2 Autonomieelemente mit fortgeschrittenen bzw. älteren Lernenden

Wenn man mit älteren oder fortgeschrittenen Lernenden Schritte zur Vergrößerung ihrer Autonomie gehen will, ist es wichtig, den Rahmen und die Erwartungen der Lehrkraft klar abzustecken und zu kommunizieren. Je älter die Schüler, desto wichtiger ist es, sie „mit ins Boot" zu nehmen und ihnen zu erklären, warum so gearbeitet und gelernt werden soll. Gerade wenn Lernende es nicht gewohnt sind, Aktivitäten frei auszuwählen und über Inhalte oder Arbeitsformen selbst zu entscheiden, braucht die Lehrkraft ihr Verständnis und ihre Bereitschaft, sich darauf einzulassen.

Einige grundlegende Prämissen über das effektive Sprachenlernen überzeugen die meisten schnell. Darüber sollte in der Klasse immer wieder gesprochen und die Ergebnisse schriftlich festgehalten werden (auf einem Poster). Hier sind einige Formulierungen, die von Lernenden verwendet werden, die bereits Erfahrungen in einer lernerautonomen Umgebung gemacht haben:

- „Ich lerne besser, wenn ich mich sicher und wohl fühle."
- „Wenn ich mich selbst für etwas entscheide, bin ich motivierter."
- „In der Gruppenarbeit können wir einander helfen, voneinander lernen."
- „Je mehr ich spreche, desto besser spreche ich."
- „Die Evaluation hilft mir, meine Stärken zu sehen und an meinen Schwächen zu arbeiten."
- „Bei der Evaluation meiner Arbeit lerne ich hilfreiche Alltagssprache."
- „Lernen kann ich etwas nur, indem ich es selbst tue."

Eine Klasse lässt sich nicht „über Nacht" auf Lernerautonomie umstellen. Aber mit dem Logbuch, authentischer und auf die Lernenden bezogener Kommunikation, *Scaffolding* sowie Evaluation kann man gut in eine neue Arbeitsphase starten, z. B. nach den Ferien. Auch eine Projektwoche bietet die Möglichkeit, neue Arbeitsformen einzuführen; es sollten am besten nur ein oder zwei auf einmal sein, damit sich diese einschleifen, ehe wieder etwas Neues hinzukommt.

Je älter die Schülerinnen und Schüler sind, desto wichtiger ist es, ihnen einen Überblick über den vom Lehrplan vorgesehenen Stoff oder die von der Lehrkraft geplanten Themen zu geben. Dann haben sie die externen Anforderungen im Blick, während sie selbst entscheiden können, auf welche Weise sie diese erfüllen wollen.

Die Reflektion am Ende jeder Unterrichtseinheit kann dazu beitragen, dass Lehrkraft und Lernende gemeinsam Erkenntnisse über Gelingensfaktoren und Hindernisse im Sprachunterricht gewinnen und sich darüber austauschen.

Für viele Kinder und Jugendliche sowie ihre Eltern ist es zunächst ungewohnt, dass die Arbeit in der Lernerautonomie so stark **prozessorientiert** ist und dass es **keinen Gleichschritt mehr gibt**. Wer auch sonst im Unterricht wenig aktiv ist, wird sich in der lernerautonomen Klasse nicht unbedingt anders verhalten. Nur sind sie hier ständig gefordert, sich durch die Evaluation mit dieser Tatsache auseinanderzusetzen.

Lernverträge, die individuell abgeschlossen und selbst formuliert werden, können die eigenen erreichbaren Lernziele deutlich machen. Ein kleinschrittiges Vorgehen ermöglicht eher Erfolge als zu große oder zu hohe Ziele. Auch hier gilt, dass es sich um einen kontinuierlichen Prozess handelt. Lernerautonomie zu entwickeln braucht Vertrauen, Zeit und Geduld.

4 Das Logbuch

Das Logbuch gehört untrennbar zum Arbeiten im Sinne der Lernerautonomie. Es ist das Heft, in dem alles stattfindet: die eigentliche Schülerarbeit sowie die Dokumentation und Evaluation ihrer Arbeitsprozesse. Auch die Kommunikation zwischen Lehrkraft und Lernenden findet darin statt, selbst die Eltern können in diesen Austausch einbezogen werden; sie können mit dem Logbuch den Lernprozess ihres Kindes verfolgen.

Dieses Kapitel zeigt die verschiedenen Einsatzmöglichkeiten des Logbuchs und macht anhand von praktischen Beispielen sichtbar, wie diese Arbeit angebahnt und unterstützt werden kann.

Im Autonomen Klassenzimmer führen auch die Lehrkräfte ein Logbuch, in dem sie ihre Arbeit mit der Klasse planen, dokumentieren und evaluieren. Auch das werden wir hier vorstellen (siehe Abschnitt 4.4 Das Logbuch der Lehrkraft).

4.1 Das Logbuch: Definition und Einsatz

Der Begriff „Logbuch“ stammt aus der Seefahrt; gemeint ist damit das Tagebuch einer Kapitänin oder eines Steuermanns, in dem sie/er alles Wichtige festhält: Reiseroute, Wetterbedingungen und alle besonderen Vorkommnisse an Bord. Mittlerweile wird der Begriff für viele verschiedene Lebensbereiche verwendet, wenn regelmäßig in einem Notizbuch Aufzeichnungen zur Planung, Durchführung und für die Reflexion von Aufgaben und Projekten gemacht werden.

Auf das schulische Arbeiten bezogen macht das Logbuch die Schülerinnen und Schüler zur Steuerfrau oder zum Steuermann ihres Lernschiffes, ihres Lernens. Sie dokumentieren darin ihre Reiseroute und halten Beobachtungen fest (Dokumentation des Lernens). Darüber hinaus ziehen sie Schlussfolgerungen, die sich auf die Anschlussroute auswirken (Evaluation).

Im Konzept des Autonomen Lernens sind Schülerinnen und Schüler mehr als lediglich Kapitänin oder Steuermann. Sie werden als *shareholder*, also als Anteilseigner gesehen. Das macht sie zu Eigentümern ihres Lernens. Dabei sind sie jedoch nicht allein, sondern Mitglieder einer Gruppe mit gleichgerichteten Zielen (Mitschülerinnen und Mitschüler, Lehrkräfte und Eltern).

Logbücher ermöglichen im Fremdsprachenunterricht:
- Sichtbarwerden von persönlichen Lernprozessen und Lernfortschritten für alle Beteiligten (vgl. Dam, *How to develop autonomy in a school context – how to get teachers to change their practice*, 1999, S. 127),
- Selbstständigkeit,
- Selbstreflexion und Wertschätzung der eigenen Arbeit,
- Verwendung der Zielsprache für die Reflexion,
- Anregung durch das Beispiel anderer Lernenden,
- Raum für Kreativität,
- Wertschätzung durch die Lehrkraft,
- zusätzlichen sprachlichen Input durch das Feedback in Form individueller Kurzbriefe durch die Lehrkraft
- und vor allem Struktur!

4.2 Das Schülerlogbuch

Alle Schülerinnen und Schüler bekommen am Anfang des Schuljahres ein Logbuch – ein leeres Schreibheft oder eine Kladde. Das Logbuch soll ihre Arbeit in und mit der Sprache und ihr Lernen festhalten. Jedes Logbuch dokumentiert einen individuellen Weg. Die Logbücher sind eine ständige, fortlaufende Dokumentation des Lernens, eine Veranschaulichung des individuellen Lernwegs bzw. des Lernfortschritts und eine Planungshilfe für die nächsten Lern- und Arbeitsschritte.

Das Logbuch wird in den drei Unterrichtsphasen *Teacher time, Students' time, Together time* (siehe Kapitel 3.7 Ablauf und Struktur der Arbeit im Klassenzimmer) und für außerschulisches Arbeiten (siehe Kapitel 7.1 Neukonzeption von Hausaufgaben) verwendet. Zusammen mit den Postern ist es **das zentrale Werkzeug des Autonomen Sprachenlernens**. Zusätzlich zum Logbuch können umfangreichere Texte und ausgewählte Schülerarbeiten in einem Portfolio, z. B. einem Schnellhefter, gesammelt werden.

4.2.1 Gestaltung des Logbuchs

Jedes Schülerlogbuch sieht anders aus: Die Lernenden gestalten auf verschiedene Weise den Umschlag und den Inhalt, sie arbeiten mit vielerlei Schreibformaten an diversen Themen auf unterschiedlichem sprachlichen und inhaltlichen Niveau. Doch alle Logbücher weisen wichtige Gemeinsamkeiten auf, denn einige Elemente sind in Form und Inhalt von der Lehrkraft vorgegeben:

- Umschlag-Innenseite: Leitlinien für die Logbucharbeit (*Logbook Guidelines*)
- Einleitung: *About me* (Seite[n] über mich)
- Dokumentation und Evaluation der Arbeit
- Monatsseiten

Abb. 14 **Schülerlogbuch 6. Klasse**

Abb. 15 **Schülerlogbuch 9. Klasse**

Die Lehrkraft sollte zu Beginn einige Leitlinien für die Arbeit mit dem Logbuch einführen. Wichtig ist, diese an die jeweilige Altersstufe und Lerngruppe anzupassen. Für Grundschulkinder braucht es hier nicht viel:

- das tägliche Datum,
- was mache ich,
- mit wem arbeite ich,
- was habe ich gelernt (die Evaluation) und
- was nehme ich mir für zu Hause vor.

Diese Leitlinien sollten als Poster im Klassenzimmer hängen und zudem in der Innenseite des Logbuchumschlags platziert werden.

Logbook Guidelines
Date
What I do
With whom
Evaluation
Homework
Page numbers

Diese Anforderungen können mit der Zeit und entsprechend dem Kompetenzzuwachs der Kinder weiterentwickelt werden. Für ältere Sekundarstufenschüler sind die Leitlinien detaillierter (vgl. Dam, 1999, S. 129, Abb. 8):

How to keep your logbook – some "musts"
- *A cover with name and class*
- *Numbered pages*
- *Margins*
- *"Month page" when beginning a new month*
- *Jump a line when entering a new activity*
- *Easy to follow what has happened during a period – contents as well as process and thoughts*
- *New words/expressions framed*
- *"At the moment I am reading ..." – at the end of the book*
- *A tidy impression*
- *Decent/nice handwriting*

Diese Leitlinien sollten zu Beginn des Schuljahrs mit der Klasse besprochen und das Plakat im Raum gut sichtbar aufgehängt werden.

Aus eigener Erfahrung erscheint es den Autorinnen sinnvoll, das Bewusstsein der Lernenden im Hinblick auf die Logbuch-Arbeit immer wieder zu schärfen, damit sie ihr eigenes Heft und das der Mitschülerinnen und Mitschüler achten und wertschätzen. Wer länger mit Logbüchern arbeitet, stellt fest, dass hier zum Teil wahre Kunstwerke und persönliche Schätze entstehen, auf die die Urheberinnen und Urheber stolz sind.

Wichtig ist es, von Beginn an zu betonen, dass das eigene Logbuch etwas Individuelles und Persönliches und ein Dokument des eigenen Lernens ist. Deshalb sollte jeder gut auf sein Logbuch achtgeben.

4.2.2 Erste Seite: *About me*

Die ersten Seiten bestimmen auch den ersten Eindruck, den man von einem Logbuch bekommt. Es ist sofort sichtbar, wem das Heft gehört, man erfährt etwas über seinen Besitzer und die Seite gibt Raum für kreatives Arbeiten im künstlerischen und sprachlichen Sinne.

Sowohl für die erste Seite als auch für die Monatsseiten ist es wichtig, gemeinsam mit der Klasse eine Ideensammlung auf einem Poster zu erstellen, dieses im Klassenzimmer aufzuhängen und bei Bedarf zu erweitern. Gerade am Anfang dieser für die Klasse neuen Art des Unterrichtens brauchen die Kinder und Jugendlichen Anhaltspunkte, um selbsttätig und kreativ zu werden. Auch ist es hilfreich, Beispiele für die verschiedenen Ideen zu erstellen (siehe Fotos in Abschnitt 4.3 Ein Ideenlogbuch).

Ideas for first pages: About me

- *Name (My name is ..., my nicknames are ...)*
- *Age (I am ... years old.), I will be ... in ...*
- *Where I live (I live in a flat / a house in ...)*
- *What's unique about me, my family, my home, my city, my country, my school, my hobbies, my friends*
- *My favourite colours, animals, school subjects, music, books, videos, influencers*
- *What I'm good at / not so good at*
- *My strengths and weaknesses*
- *My goals in life*
- *What I would like to change about the world*
- *Bullet points with various items of information (name, address, birthday etc.)*
- *Acrostic poem using my name*
- *Picture and text (using a picture or drawing of myself)*
- *Collage made of pictures and words*
- *Mind map, e. g."Things I like"*
- *Family tree*
- *Language biography as picture or text (languages learnt or spoken)*
- *Text, e. g. a narrative or an interview*
- *Lists, e. g. of favourites*
- *Combinations of the above*
- ...

Die Rolle der Lehrkraft ist bei dieser Arbeit eher die einer „Zielsprachen-Schreibmaschine“: Was die Schülerinnen und Schüler erfragen oder im Austausch beitragen, hält sie auf den Postern fest. In jedem Fall ist es empfehlenswert, auf diese Weise Wörter bzw. Wendungen zu sammeln, welche die Klasse beim Erstellen dieser Seiten nutzen können, z. B. *My favourite animal is ..., I have a brother, I like swimming*. So entsteht eine von den Lernenden generierte Referenz für die Sprachproduktion.

Dabei gilt immer der Grundsatz, dass mittels der Poster genau die und nur so viele sprachliche Wendungen und Beispiele zusammengetragen werden, wie die Klasse für den Ausdruck ihrer Ideen benötigt. Warum ist das so wichtig? Weil es den Schülerinnen und Schülern durchgehend zeigt, dass die Sprache genau das ausdrückt, was sie selbst denken und sagen wollen. Es bedeutet auch, dass jedes Poster jedes Schuljahr wieder neu und als Unikat entsteht.

Es gibt viele unterschiedliche Möglichkeiten, die ersten Seiten des Logbuchs zu gestalten (siehe Liste auf der vorigen Seite).

Man kann auch eine Kartei mit Fragen und passenden Wendungen anbieten (siehe Kopiervorlage 8 in Kapitel 10 *About-me-cards*, darin enthalten sind *Questions and sentences for speaking and writing about myself*). Damit kann man alle, die bislang eher wenig schreiben wollten, zusätzlich motivieren und unterstützen.

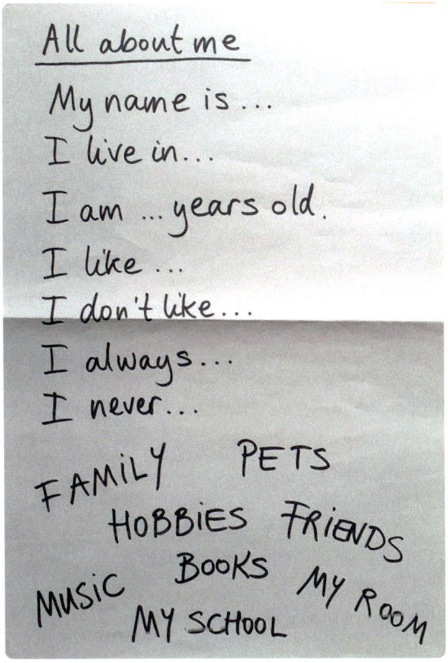

Abb. 16 **Poster *All about me***

Abb. 17 **Kartei *About Me***

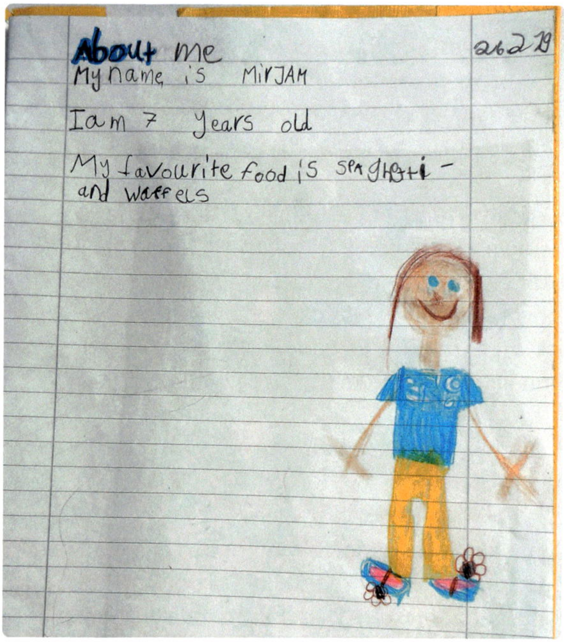

Abb. 18 *About me* aus dem Logbuch einer Schülerin (1. Klasse)

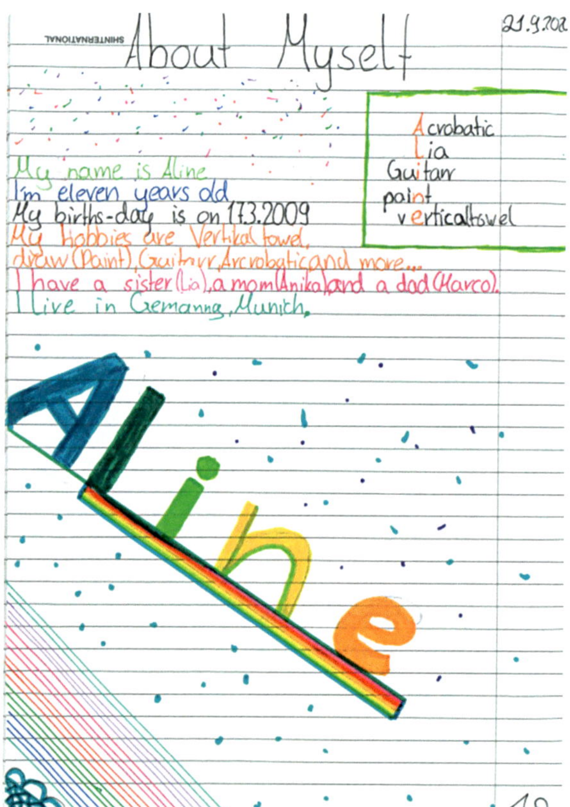

Abb. 19 *About me* aus dem Logbuch einer Schülerin (6. Klasse)

4.2.3 Monatsseiten

Leni Dam hat für die Logbucharbeit ihrer Schülerinnen und Schüler sogenannte *Month pages* eingeführt. Sie geben Gelegenheit und Raum für eigene gestalterische Ideen und stellen im Logbuch eine sichtbare Chronologie des Schuljahres her.

Auf den Monatsseiten können die Kinder Zitate, Reime, Sprichwörter, Gedichte und Texte zu den Monaten selbst gestalten oder von Vorlagen abschreiben. Außerdem können sie dazu passend eigene Bilder malen und eigene Texte verfassen.

Auch für die Monatsseiten ist es wichtig, gemeinsam mit der Klasse eine Ideensammlung zu erstellen, dieses Poster im Klassenzimmer aufzuhängen und bei Bedarf um neue Ideen zu ergänzen.

Ideas for Month Pages

- *Acrostic poem*
- *Things to do in ...*
- *Things to eat in ...*
- *What I like/don't like about ...*
- *Special events (birthdays, holidays, festivals)*
- *Typical weather*
- *Typical landscape*
- *A poem about (month)...*
- *A–Z list*
- *Collage of pictures and words*
- *Picture and text*
- ...

Abb. 20 ***Month page*** **(4. Klasse)**

Abb. 21 *Month page* **(6. Klasse)**

Abb. 22 *Month page* **(7. Klasse)**

4.2.4 Alle Arbeitsergebnisse

Alle schriftlichen Arbeitsergebnisse der Schülerinnen und Schüler und sämtliche schriftliche Sprachproduktion finden sich in ihrem Logbuch. Das Logbuch ist ein „Alles-Heft"!

Weitere Inhalte des Logbuchs

- *Word snakes*
- *Word pages*
- *Word puzzles*
- *Picture and words*
- *Topical pages*
- *Picture and text*
- *Poems*
- *Stories*
- *Plays*
- *Essays*
- *Ideas for projects*
- ...

Bei Arbeiten, die mehr Platz benötigen und bei denen es schwierig ist, sie chronologisch im Logbuch zu dokumentieren, bietet sich die Arbeit mit Portfolios an. Die Arbeit an sich sollte jedoch trotzdem im Logbuch dokumentiert werden – es soll stets im Logbuch zu sehen sein, woran gearbeitet wurde. Nur so ist das Ausmaß an Arbeit und der jeweilige Lernfortschritt erkennbar.

4.2.5 Dokumentation und Evaluation der Arbeit im Logbuch

Es gibt für jede Stunde einen Eintrag im Logbuch. Jeder Eintrag beginnt mit dem Wochentag und Datum als Überschrift, die Aktivitäten werden nummeriert, Inhalte aufgeführt und die Arbeitspartner namentlich benannt. Der Eintrag endet mit der Evaluation des Tages (siehe Beispiele auf der folgenden Seite).

Der Logbuch-Eintrag ist kein Plan für die Stunde, der im Vorfeld oder im Nachhinein geschrieben wird, sondern eine begleitende, chronologische und individuelle Eintragung über das, was in der *Teacher time, Students' time und Together time* stattfindet.

Monday, 27th September 2021

1. *Word ping-pong with Laura about things we like*

   Word count: 卌 卌 卌 卌 卌 卌 卌 *35 words*

[Punkt 1 ist nun abgeschlossen. Jetzt beginnt die nächste Aktivität und somit auch deren Dokumentation.]

2. *Make a small book about cats. ...*
3. *Evaluation of today:*

   |---------------|------|

   0 10

   It was fun.

Abb. 23 Von den Autorinnen erstellter Muster-Logbucheintrag (Beispiel aus einer 5. Klasse)

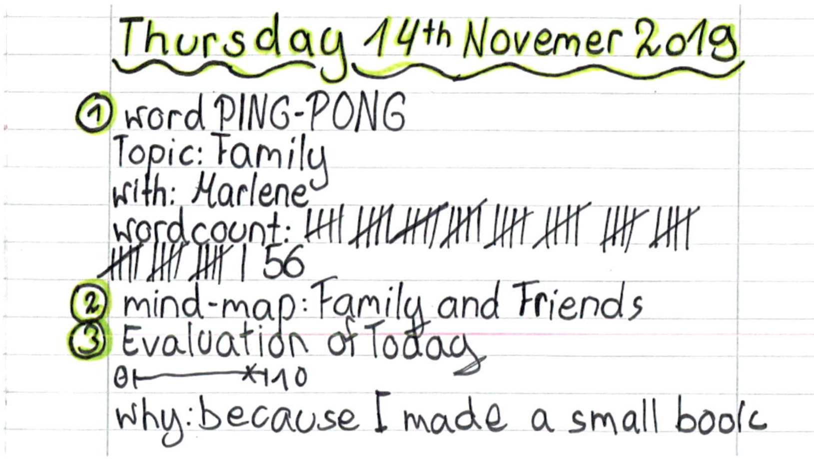

Abb. 24 Logbucheintrag (6. Klasse)

4.2.6 Monatsverträge

In der Logbucharbeit ist das Abfassen eines Monatsvertrags eine gute Möglichkeit, individuelle Ziele aufzustellen und anschließend zu evaluieren. Monatsverträge eignen sich für die Lernenden, die bereits an Autonomie gewonnen haben und das längerfristige Planen nun selbst in die Hand nehmen können.

Einen Monatsvertrag schließt eine Schülerin bzw. ein Schüler mit sich selbst ab, indem sie/er sich für den kommenden Monat (oder einen anderen Zeitraum) ein oder mehrere Ziele für die Arbeit mit der Fremdsprache setzt. Sie/er schreibt diese

Ziele im Logbuch auf. Am Ende des Monats wird die eigene Arbeit evaluiert und diese Bewertung mit den Zielen abgeglichen.

Auf der Grundlage dieses Ergebnisses formuliert der/die Lernende neue Ziele und startet mit ihnen in den nächsten Monat (weitere Beispiele siehe Kapitel 8.2 Bewertung).

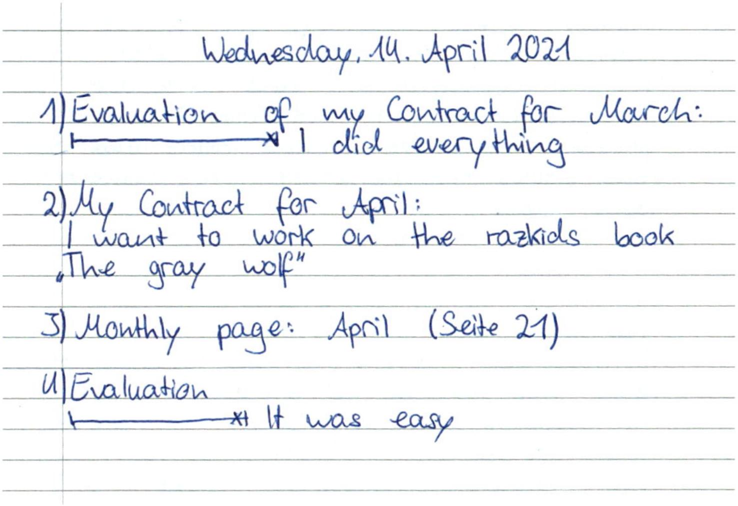

Wednesday, 14. April 2021

1) Evaluation of my Contract for March:
→ I did everything

2) My Contract for April:
I want to work on the razkids book
„The gray wolf"

3) Monthly page: April (Seite 21)

4) Evaluation
→ It was easy

Abb. 25 **Monatsvertrag einer Schülerin (6. Klasse)**

Durch diese Lernverträge, die Kinder und Jugendliche mit sich selbst abschließen, gewinnt die Lehrkraft Einblick in deren Motivationslage und in deren Lernfortschritt. Sie kann diese Einsichten für Lernentwicklungsgespräche nutzen, sie können auch in die Bewertung einfließen.

4.2.7 Das Schülerlogbuch und die Rolle der Lehrkraft

Die Lehrkraft begleitet die Arbeit der Schülerinnen und Schüler im Logbuch auf vielfältige Weise: Sie gibt im Vorfeld und begleitend Anregungen, unterstützt die Entwicklung eigener Schülerideen und berät bei deren Umsetzung.
Im Anschluss liest sie das Logbuch, um den Fortgang der Schülerarbeit zu verfolgen und gibt schriftlich Feedback.

Das Logbuch gibt Lehrkräften Auskunft zu folgenden Fragen über ihre Schülerinnen und Schüler:

- Wie und wieviel arbeitet sie bzw. er?
- Auf welchem sprachlichen Niveau befindet sie/er sich?
- Wo traut sich die Schülerin oder der Schüler etwas Neues zu?

- Wo braucht es sprachliche Unterstützung in Form von Wortschatz oder Strukturen?
- Welchen nächsten Lernschritt könnte dieses Kind bzw. dieser Jugendliche gehen?

Mit den Erkenntnissen, die die Lehrkraft aus diesen Einträgen gewinnt, kann sie den Lernstand und die Lernfortschritte ihrer Klasse einschätzen und einordnen. Darauf kann die Lehrkraft in ihrer Rückmeldung an die Kinder und/oder Eltern, schriftlich oder im Gespräch, hinweisen (mehr zum Feedback der Lehrkraft in Kapitel 8 Evaluation und Bewertung).

Die Autorinnen haben die Erfahrung gemacht, dass die Schülerinnen und Schüler sich in der Regel sehr viel Mühe mit ihren Logbüchern geben und stolz darauf sind: Auch für die Wertschätzung ihrer Arbeit ist es sinnvoll, dass sich die Lehrkraft jedes Logbuch regelmäßig anschaut. Die Rückmeldung erfolgt – natürlich in Englisch – in Form eines Kurzbriefes direkt im Schülerlogbuch. Dies erfordert Zeit, Ruhe und Muße. Leni Dam empfiehlt, jede Woche maximal fünf Logbücher einer Klasse einzusammeln, zu lesen und mit Feedback zurückzugeben. Wenn man zu Beginn der Stunde die Namen der Schülerinnen und Schüler nennt, deren Hefte man einsammeln will, können diese sich darauf einstellen.

Es kann manchmal sinnvoll sein, sich im Unterricht eine Schülerarbeit gemeinsam anzuschauen und dann direkt unter diese Arbeit einen kurzen Kommentar zu schreiben.

Bei den **Feedbackbriefen** sollten die Aspekte **Form, Inhalt** und **Rückmeldung** beachtet werden.

Form:
- Geeignet ist eine typische Briefform mit Datum, Anrede, Einleitung – Hauptteil – Schluss sowie Schlusswort.
- Der Ton sollte positiv und motivierend sein.
- Man sollte lieber mit Tinte statt mit Bleistift schreiben.
- Da der Rotstift der Lehrkraft oft mit Fehlern und Verbesserung verbunden wird, empfiehlt es sich, eine andere Farbe zu verwenden.
- Es ist wichtig, das Feedback auf die Briefe zu beschränken und nicht im ganzen Logbuch verteilt Kommentare zu hinterlassen. Dank der Nummerierung der Logbuchseiten kann man auf bestimmte Seiten verweisen.

Inhalt der Briefe:
- Es sollte das benannt werden, was bereits gelingt, eventuell mit einem Verweis auf eine bestimmte Seite im Logbuch.
- Wichtig ist auch, auf die Inhalte der Schülerarbeiten einzugehen (*A lot of things happened to you at the weekend!* oder *I wonder what the girl's mother in your story thought about her accident.*).

- Das Feedback sollte Hinweise dazu enthalten, woran die Schülerin oder der Schüler noch arbeiten kann und sollte.

Rückmeldung zu formalen Aspekten:
- Kommt die- oder derjenige mit den formalen Vorgaben für das Logbuch zurecht (Datum als Überschrift, auf Linien schreiben, passenden Stift und Lineal verwenden, Rand beachten, Seitenzahl eintragen ...)?
- Kommt die- oder derjenige inhaltlich mit der Logbucharbeit zurecht (Seite über mich, Monatsseite, tägliche Dokumentation und Evaluation)?
- Wurde die Rückmeldung vom vorherigen Brief gelesen und wurden die Aufforderungen beachtet?
- Schließt die Schülerin bzw. der Schüler die Arbeiten ab?

Dear E.,
I read that you feel you need more conversations to practise your speaking. You are right, but I can tell you that your writing is getting better! You are writing more and more fluently – look back at the beginning of your logbook, do you see the difference?
All the best,
Birgitta

Dear A.,
I really like the page about yourself and that you seem to like having creative pages in your logbook – e. g. on pages 24, 36 and 51. You have been working quite a bit on your English – at school and at home! (...) Well done on your contracts: You managed to do everything you wanted to do in February – that's great! (...) You structure your logbook pages well and you remember to do the evaluation of the day. Great, keep up the good work!
Best wishes,
Christina

Dear M.,
I'm deeply impressed with your work: I enjoy looking at your April-page! I like your story, not least your small drawings. I certainly also like your story about the two families. I think you are a born story-teller! Many good words and expressions as well. ... I am impressed with the way you keep track of the work done – and I'm glad to hear that you and J. work well together. I, too, have the feeling that you in many ways have exceeded your contract! (Great word!).
Love,
Leni

Abb. 26 Beispiele für Rückmeldungen der Lehrkräfte an Schülerinnen und Schüler

Im Laufe der Zeit werden die Kinder und Jugendlichen immer sicherer im Umgang mit der Zielsprache und entsprechend werden die Logbucheinträge ausführlicher. Auch die Aktivitäten, an denen die Lernenden arbeiten, werden vielfältiger und anspruchsvoller:

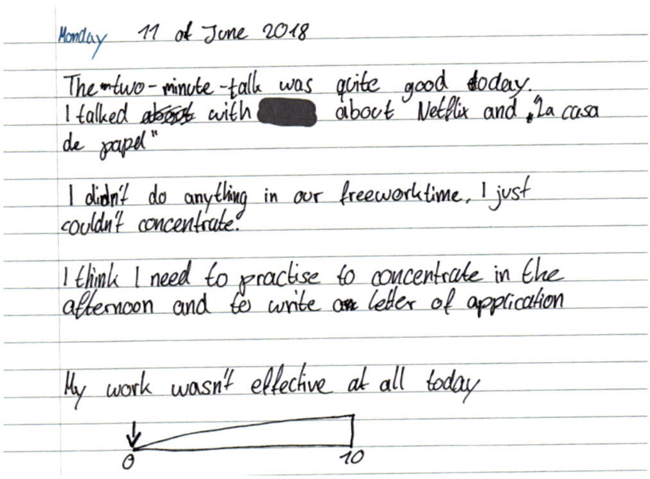
Monday 11 of June 2018

The two-minute-talk was quite good today.
I talked ~~about~~ with about Netflix and „La casa de papel"

I didn't do anything in our freeworktime, I just couldn't concentrate.

I think I need to practise to concentrate in the afternoon and to write ~~an~~ letter of application

My work wasn't effective at all today

Abb. 27 **Logbucheintrag (10. Klasse)**

Monday, 18th March 20xx

1. Yesterday was the irish national day: Saint Patricks day.
2. Tomorrow will be: Karina's birthday.
3. I decided to become better at:
varied vocabulary, new expressions, use more new words in my texts, learn to speak more fluently, a.m. (a.m.= and more)
I have become better at:
Making new expressions, learn to speak more fluently, and varied vocabulary.
I know it because:
My mum has told me that I have become better at speaking more fluently, in my story on page 17 I have used more new expressions in it and I fell that I also use more varied vocabulary when I talk.
4. My objectives for next period:
I will:
Again try to get a (better) varied vocabulary and still speak English all the time and still use more good/new expressions in my language. And last but not least, I will find more new words.*

** such as I will try not to write then or now or ..., twice in the start of a sentence.*

Abb. 28 **Logbucheintrag einer Schülerin (8. Klasse) (unbearbeitet)**

4.3 Ein Ideenlogbuch

In der praktischen Arbeit mit dem Konzept des Autonomen Lernens kommt von Schülerseite immer wieder die Frage, wie eine bestimmte Aktivität denn im Logbuch aussehen könnte. Deshalb empfiehlt es sich, für die Klasse ein Ideenlogbuch zur Veranschaulichung zu erstellen.

Die Lehrkraft kann völlig frei entscheiden, was dort zu finden sein soll – je nach eigenen Interessen oder Schwerpunkten und Nachfrage der Schülerinnen und Schüler. Es geht darum, der Klasse zu zeigen, was mit der Aktivität gemeint ist und ihr mit dem Ideenbuch einen Ort im Klassenzimmer zu geben, an dem jeder immer wieder nachschauen kann, ohne jemanden um Hilfe bitten zu müssen. Deshalb sollte dieses Ideenlogbuch einen festen Platz haben, z. B. im Englischregal. Außerdem sollte dieses besondere Logbuch ein Beispiel für saubere, kreativ gestaltete und übersichtliche Heftführung sein.

Ein Ideenlogbuch wird – wie jedes Schülerlogbuch – **nach und nach gefüllt.** Wann immer eine neue Aktivität oder Arbeitsform vorgestellt wurde, können die Lernenden hier später Informationen und Anregungen nachschlagen. Auf den folgenden Seiten sind vier Beispiele abgebildet.

Abb. 29 Ideenlogbuch für die Grundschule: ***About me***

Abb. 30 Ideenlogbuch für die Grundschule: ***Topical page – Green in nature***

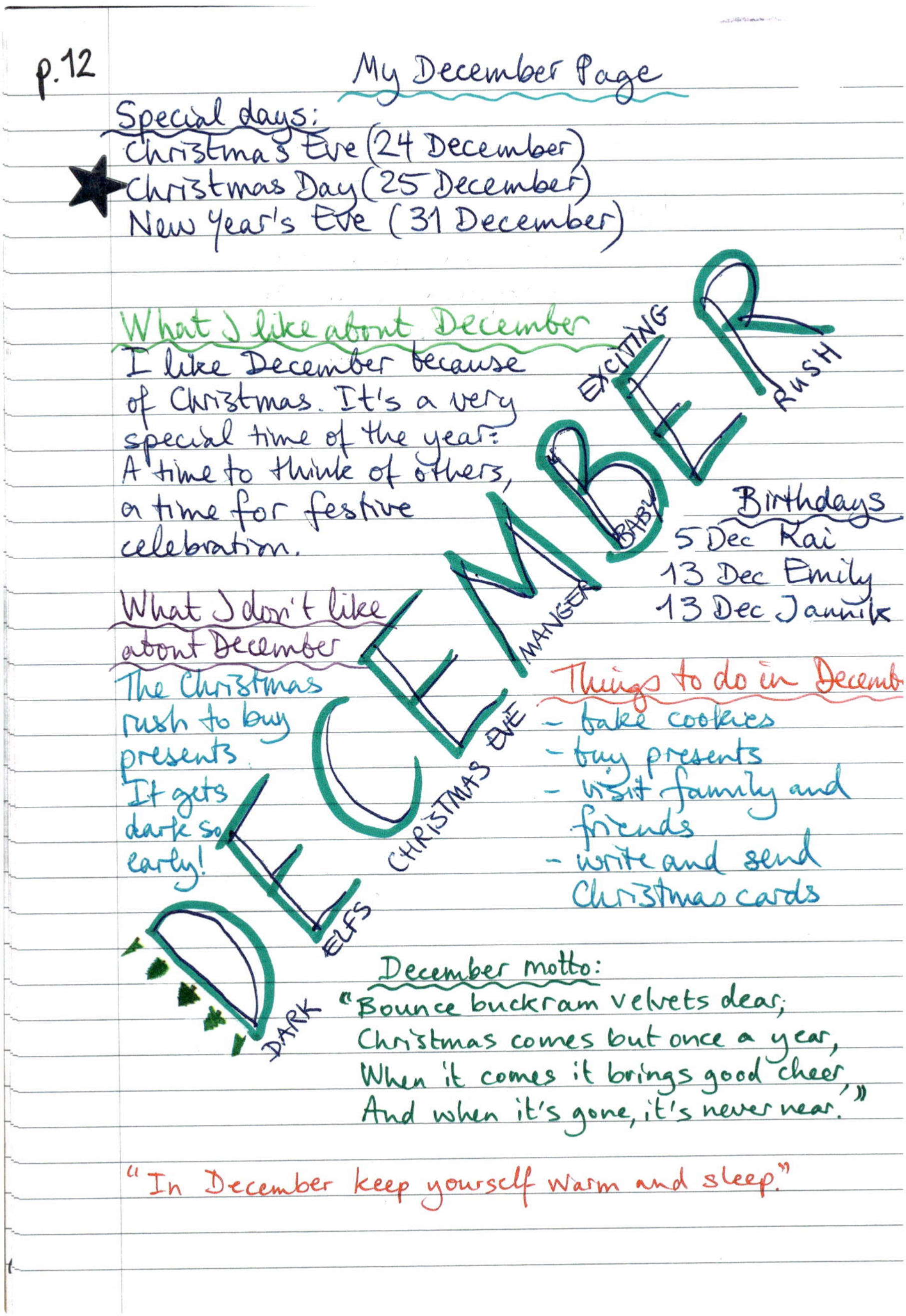

p. 12

My December Page

Special days:
Christmas Eve (24 December)
Christmas Day (25 December)
New Year's Eve (31 December)

What I like about December
I like December because of Christmas. It's a very special time of the year: A time to think of others, a time for festive celebration.

What I don't like about December
The Christmas rush to buy presents
It gets dark so early!

DECEMBER
EXCITING
RUSH
BABY
MANGER
EVE
CHRISTMAS
ELFS
DARK

Birthdays
5 Dec Kai
13 Dec Emily
13 Dec Jannik

Things to do in Decemb
- bake cookies
- buy presents
- visit family and friends
- write and send Christmas cards

December motto:
"Bounce buckram velvets dear,
Christmas comes but once a year,
When it comes it brings good cheer,
And when it's gone, it's never near."

"In December keep yourself warm and sleep."

Abb. 31 Ideenlogbuch *Month page*

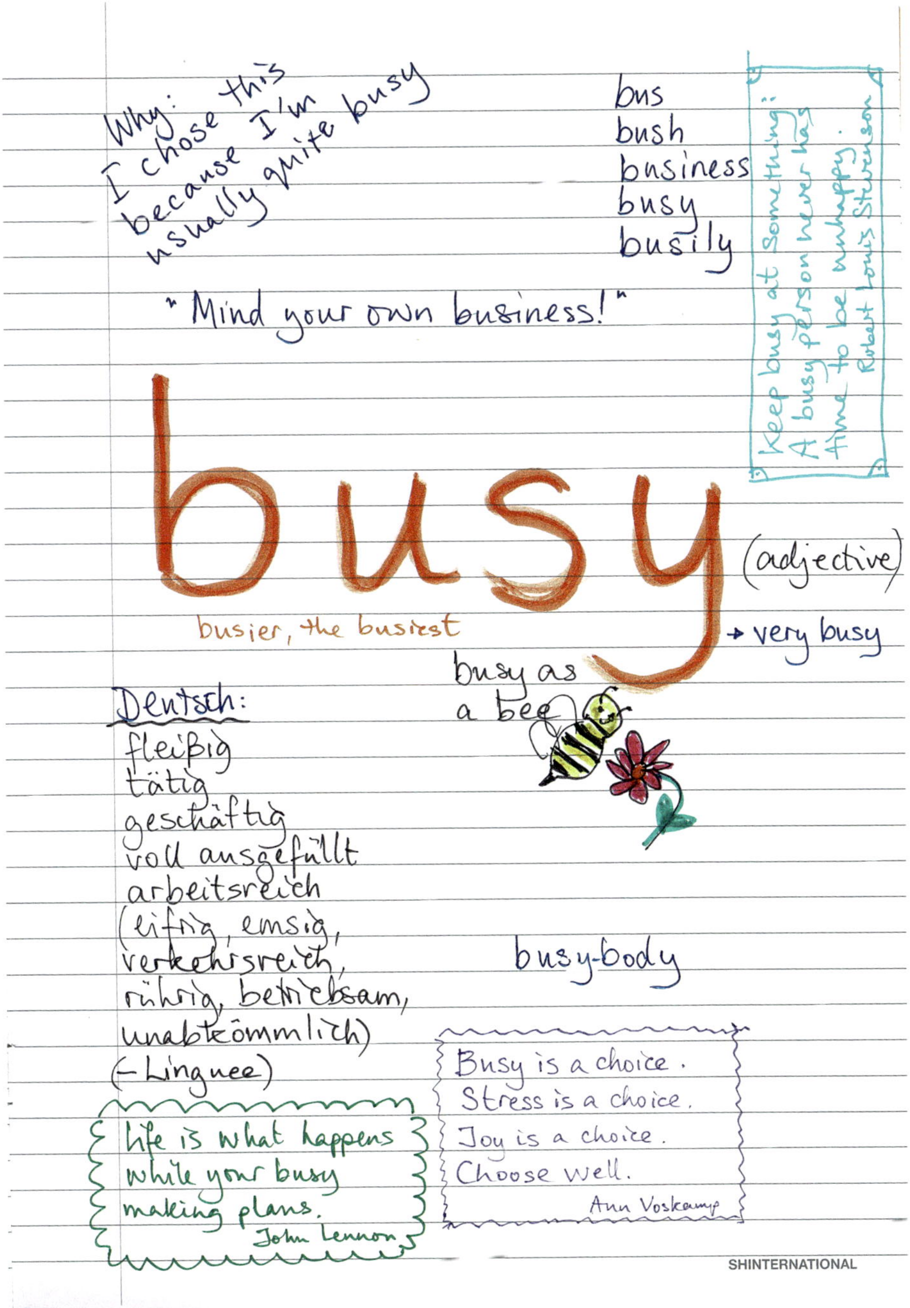

SHINTERNATIONAL

Abb. 32 Ideenlogbuch *Word page*

4.4 Das Logbuch der Lehrkraft

Das Logbuch der Lehrkraft ist ein Heft, das dem der Schüler ähnelt. Darin plant, dokumentiert und evaluiert die Lehrkraft fortlaufend alles, was eine Lerngruppe betrifft. Sie tut dies zeitlich parallel zu den Schülerinnen und Schülern. Immer wieder teilt die Lehrkraft ihre Einschätzungen mit der Lerngruppe, als unmittelbares Feedback am Ende einer Stunde. So liest sie der Klasse z. B. einen Eintrag zu einer produktiven Gruppenarbeit vor, die sie beobachtet hat, oder zu einem Schüler, dem etwas Besonderes gelungen ist.

Die Lehrkraft macht sich während und zum Abschluss der *Students' time* in ihrem Logbuch ihre eigenen Notizen – zu einzelnen Lernenden und deren Arbeitsverhalten oder Sprachproduktion und zur Interaktion in der Klasse. Indem sie die Aktivitäten während des Unterrichts in ihrem eigenen Heft dokumentiert, erleben die Lernenden ihre Lehrkraft im Hinblick auf die Logbuchführung wiederum als Vorbild.

Mögliche Inhalte des Logbuchs der Lehrkraft

- Übersichten: Klassenliste, Themen des Schuljahres, Planung von Ferien zu Ferien
- Wichtige Informationen zu den einzelnen Schülerinnen und Schülern: Anzahl der Lernjahre in der Zielsprache, Muttersprache, LRS, Lernpartner (um darauf achten zu können, dass nicht immer mit denselben Personen gearbeitet wird)
- Planung jeder Unterrichtsstunde – basierend auf vorangegangenen Stunden und dem Lehrplan: *Teacher time, Students' time, Together time*
- Notizen während der Unterrichtsstunde: Anwesenheiten, Zeiteinteilung, Thema und Inhalt, Schülerbemerkungen, Gruppendynamik, Anmerkungen zu einzelnen Aktivitäten
- Notizen nach der Unterrichtsstunde: Erfolge und Misserfolge, Evaluation der Stunde (könnte auch während der Stunde stattfinden und mit der Klasse geteilt werden) und Anmerkungen für die Planung der nächsten Stunde, Anmerkungen zu einzelnen Aktivitäten
- Ideen für Schülerabfragen, z. B. vor der Bearbeitung eines neuen Themas: *How do you best learn new things in English?*
- Evaluationen: z. B. Ergebnis einer Klassenevaluation zu einem Projekt
- Wichtige Texte: z. B. Elternbriefe
- Planung von und Notizen zu Elternabenden
- Zum Schuljahresabschluss oder Abschluss eines Projektes: Erfolge und Misserfolge, Vorhaben für das nächste Projekt/Schuljahr
- *To-do*-Listen für die nächste Stunde, das nächste Projekt oder das nächste Schuljahr

Hilfreich ist es, die Notizen in einer anderen Farbe als die Planung zu schreiben – so kann man beides auf einen Blick sofort voneinander trennen.

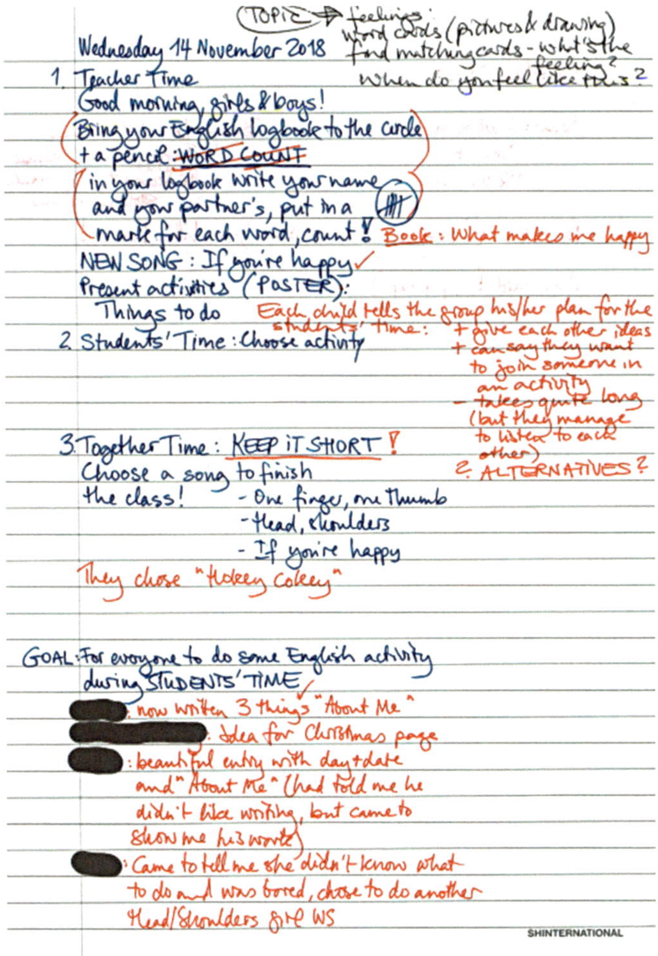
(TOPIC) → feelings: word cards (pictures & drawing) find matching cards - what's the feeling? When do you feel like this?
Wednesday 14 November 2018
1. Teacher Time
Good morning, girls & boys!
Bring your English logbook to the circle + a pencil: WORD COUNT
in your logbook write your name and your partner's, put in a mark for each word, count!
Book: What makes me happy
NEW SONG: If you're happy ✓
Present activities (POSTER):
Things to do
Each child tells the group his/her plan for the students' time: + give each other ideas + can say they want to join someone in an activity – takes quite long (but they manage to listen to each other) ⇒ ALTERNATIVES?
2. Students' Time: Choose activity
3. Together Time: KEEP IT SHORT!
Choose a song to finish the class!
- One finger, one thumb
- Head, shoulders
- If you're happy
They chose "Hokey Cokey"
GOAL: For everyone to do some English activity during STUDENTS' TIME ✓
[geschwärzt]: now written 3 things "About Me"
[geschwärzt]: Idea for Christmas page
[geschwärzt]: beautiful entry with day + date and "About Me" (had told me he didn't like writing, but came to show me his work)
[geschwärzt]: Came to tell me she didn't know what to do and was bored, chose to do another Head/Shoulders gre WS
SHINTERNATIONAL

Abb. 33 **Eintrag in einem Logbuch der Lehrkraft (Grundschule)**

Das Logbuch der Lehrkraft gibt sowohl einen Überblick über die aktuell anstehende Unterrichtsstunde wie über das fortlaufende Schuljahr. Es ist sowohl ein Planungs-, als auch ein Erinnerungsinstrument. Es dient zudem als Grundlage für Lernentwicklungsgespräche mit Schülerinnen, Schülern und Eltern. Aus den Aufzeichnungen ergeben sich außerdem die Bewertungen für Lernstandsberichte bzw. Zeugnisse. Nach den Erfahrungen der Autorinnen besteht der große Vorteil eines Logbuchs darin, dass **alles**, was eine Lerngruppe betrifft, in einem Heft gesammelt ist. Das erleichtert den Rückblick und die Planung der nächsten Schritte erheblich. Erst das Führen des Logbuchs ermöglicht wirkliche Autonomieprozesse, weil darin festgehalten wird, *was wie* umgesetzt wurde.

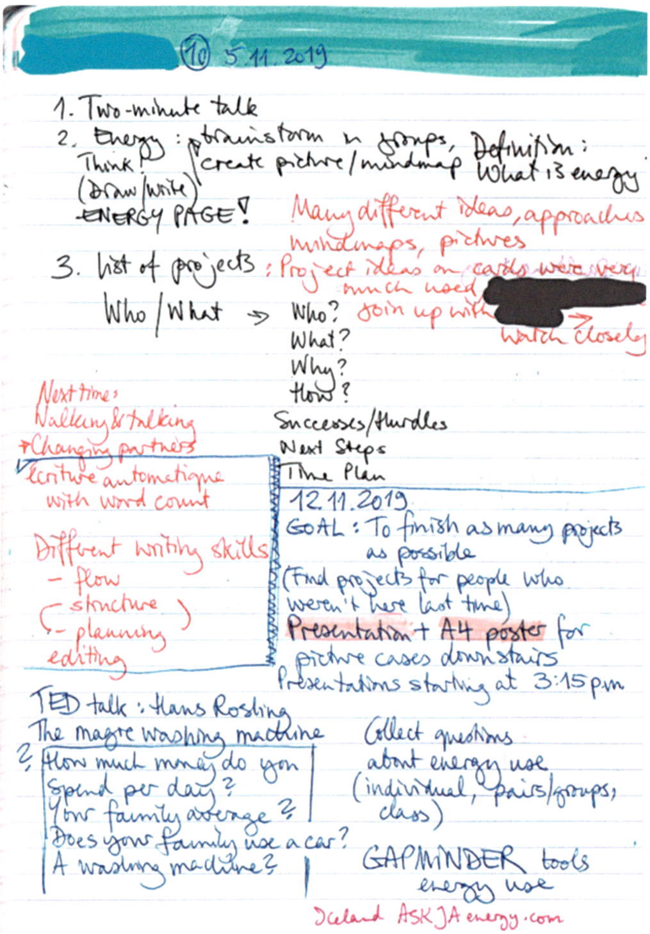

Abb. 34 **Eintrag in einem Logbuch der Lehrkraft (Sekundarstufe)**

Das Logbuch der Lehrkraft ist – anders als das Ideenlogbuch – nur für die Lehrkraft zugänglich. Sie zieht es bei Besprechungen mit Schülerinnen und Schülern heran und kann ihnen die Aufzeichnungen zeigen, die sie betreffen: Schwierigkeiten, Erfolge und Bedarfe. So sehen sie, dass die Lehrkraft sie und ihren persönlichen Lernprozess ernst nimmt und nichts in Vergessenheit gerät. Sie sehen außerdem, dass das Logbuch auch bei der Lehrkraft ein ständiger Begleiter der Lernprozesse ist (vgl. Dam, 1999, S. 129).

4.5 Eine kleine Starthilfe

Auch wenn als Logbuch ein einfaches liniertes Heft genügt, erleichtert ein schönes Heft, das schon von außen ansprechend und wertig wirkt, den Start ungemein (einige Verlage bieten hübsche Hefte mit dickem, einfarbigem Papierumschlag an). Ein normales Heft mit einem durchsichtigen Plastikumschlag geht jedoch auch – die Lernenden können ein DIN-A3-Blatt hineinlegen, das sie vorher individuell gestaltet haben. Das Heft sollte auf jeden Fall schön aussehen, damit sich die Schülerinnen und Schüler damit identifizieren können. Es lohnt sich, von vornherein Hefte mit 64 Seiten zu verwenden, da durch die viele kreative Arbeit und Dokumentation schnell mehr Platz nötig ist.

Vor Beginn der Arbeit mit Logbuch und Postern

- Logbücher besorgen – für alle Schülerinnen und Schüler sowie für die Lehrkraft
- Ideenlogbuch anlegen und erste Seiten gestalten
- Bereitlegen: DIN-A3-Plakate (für die Poster, Übersichten und sprachlichen Hilfen, die im Unterricht nach und nach entstehen)
- Marker, Klebefilm, Magnete zum Aufhängen der Poster besorgen
- Gestaltungsmöglichkeiten für die Seite *About me* und für die Monatsseiten überlegen (da diese gleich als erste Logbuchaktivitäten stattfinden)
- Einstieg in die Logbucharbeit mit den Lernenden planen (Fotos mitbringen lassen, ein erstes schönes Liedblatt zum Einkleben vorbereiten etc.)

5 Schülerinnen und Schüler sind produktiv

Die herrschende Fremdsprachendidaktik ist sich prinzipiell über den Weg zu erfolgreichem Lernen einig. Sie stimmt darin mit den Prinzipien der Lernerautonomie überein:

> *Dies geschieht durch S-zentrierte Methoden, die die kognitiven, emotionalen, methodisch-praktischen und sozialen Kompetenzen der Schüler/innen stärken. Sprachunterricht wird erst durch* ***ritualisierte Arbeitsformen und Lerntechniken, bei denen viele Schüler/innen individuell und parallel aktiv sein können,*** *effektiv.* (Aus: „Wichtige Kriterien für besonders erfolgreichen Fremdsprachenunterricht“ des KM Baden-Württemberg[4], Hervorhebung durch die Autorinnen)

Genau dies ermöglicht das Autonome Sprachenlernen, und zwar durch den hohen Grad der Eigenaktivität der Lernenden. Dazu brauchen diese ein Repertoire an

4 https://www.km-bw.de/site/pbs-bw/get/documents/KULTUS.Dachmandant/KULTUS/Seminare/seminar-ludwigsburg/pdf/Semlb_fr_GuterUnterrEF07.pdf (aufgerufen am 22. 08. 2021)

Arbeitsmöglichkeiten, aus dem sie auswählen und dann allein oder mit Partnern arbeiten. Diese Kompetenz ermöglicht **authentische Kommunikation** und **authentische Sprachproduktion**. Mit authentisch ist gemeint, dass die Lernenden ihre **eigenen** Ideen, Gedanken und Gefühle ausdrücken, bzw. dass **echte Kommunikation** stattfindet. Wer sich für eine Aktivität und ein Thema entscheidet, stellt auch immer einen Bezug zur eigenen Person und Identität her, zu eigenen Interessen, Erfahrungen und Weltwissen.

Dabei stellen die Inhalte des Lehrplans und die geplante Stoffverteilung einen Rahmen dar, innerhalb dessen die Schülerinnen und Schüler ihre eigenen Interessen umsetzen können.

Um sich für eine bestimmte Tätigkeit zu entscheiden, müssen die Kinder und Jugendlichen bereits verschiedene Arbeitsformen kennengelernt haben. Somit sollten die folgenden Aktivitäten nach und nach in der *Teacher time* vorgestellt und mindestens einmal von jeder bzw. jedem in der Klasse ausprobiert werden. Danach können sie sich in der *Students' time* dafür entscheiden, sie allein oder in Partnerarbeit durchzuführen. In der *Together time* können sie Arbeitsergebnisse oder den Arbeitsverlauf mit der Klasse oder Lerngruppe teilen (siehe Kapitel 3.7 Ablauf und Struktur der Arbeit im Klassenzimmer).

Die in diesem Kapitel dargestellten Aktivitäten erfüllen das Kriterium der *Umbrella tasks*: Sie sind für alle Mitglieder einer Lerngruppe durchführbar; im Prinzip sind sie auch in jeder Jahrgangsstufe einsetzbar. Der Unterschied besteht jeweils in dem Niveau der verwendeten Sprache der Lernenden. Dadurch findet eine natürliche Differenzierung statt (siehe Kapitel 2.3 Lernerautonomie in Theorie und Praxis).

Die Erfahrung zeigt, dass die freie Entscheidung über die Aktivitäten nicht zu einer Beliebigkeit führt, auch nicht dazu, dass die Lernenden sich unterfordern oder neuen Herausforderungen ausweichen. Im Gegenteil: Aufgrund der freien Wahlmöglichkeit neigen viele eher dazu, sich selbst herauszufordern. Das ist wahrscheinlich auf die Gewissheit zurückzuführen, dass sie im Autonomen Klassenzimmer bei der Arbeit von ihren Mitlernenden und der Lehrkraft unterstützt werden: So fühlen sie sich sicher und trauen sich Neues zu.

Eine weitere Voraussetzung dafür, dass Schülerinnen und Schüler sich selbst herausfordern, ist allerdings, dass allen Aktivitäten stets vier Fragen zugrunde liegen:

- *What do I do?*
- *Why do I do it?*
- *How do I do it?*
- *With what result?*

Was beinhalten die Leitfragen im Einzelnen für die Lernenden und die Lehrkraft?

What do I do?
Jede Schülerin bzw. jeder Schüler entscheidet selbst, **was** sie/er tut. Auf dem Weg zu dieser Eigenständigkeit unterstützt die Lehrkraft, indem sie die Wahlmöglichkeiten zunächst begrenzt, Empfehlungen gibt und an weitere Möglichkeiten erinnert, die vielleicht in Vergessenheit geraten sind. Sie erinnert vor allem immer wieder an das Ziel, Neues zu lernen. Mit der Zeit erweitert sich die Palette der verfügbaren Aktivitäten, die zur Wahl stehen. Und zusätzlich **entwickeln** die Lernenden eigene Ideen, die ebenfalls hinzugefügt werden können.

Why do I do it?
Die Frage „**Warum?**" spielt eine große Rolle bei der Auswahl der Aktivität. Die Antwort darauf ist bereits Teil der Reflexion:
Why do I choose this task?
- *Because I want to try something new?*
- *Because I don't know how to do it yet?*
- *Because my best friend is doing it too?*
- *Because I know how to do it?*
- *Because I can do it?*

What are my goals with this work?
What can I achieve?

Bei längeren Vorhaben oder größeren Projekten werden die Beweggründe schriftlich festgehalten (siehe Kapitel 6 Projekte).

How do I do it?
Antworten auf die Frage, **wie** etwas getan wird, gibt zuerst die Lehrkraft, indem sie Aktivitäten und die dazugehörigen Schritte vorstellt. Sie zeigt, erklärt, gibt Beispiele und stellt *Scaffolding* bereit (siehe Kapitel 3.2).

Es ist aber nicht allein die Lehrkraft, sondern es können auch Mitschülerinnen und Mitschüler sein, die anderen ihr persönliches *How do I do it?* vorstellen und sie damit unterstützen (*Peer-tutoring*).

Wie eine Aktivität oder Arbeit durchgeführt wird, dokumentieren die Schülerinnen und Schüler vor allem bei längeren umfangreichen Projekten, die sie allein, in Gruppen oder mit der ganzen Klasse durchführen, wie z. B. einem Theaterstück (siehe Kapitel 6 Projekte).

With what result?
Die Frage nach dem **Ergebnis** beantwortet jede Schülerin bzw. jeder Schüler für sich im Logbuch, nachdem sie/er die Aktivität kennengelernt und zum ersten Mal ausprobiert hat. Wenn sie/er sich an einem anderen Tag wieder für die Aktivität entscheidet, wird nur noch die Arbeit selbst notiert. Die Evaluation der Arbeit findet dann gesammelt oder gebündelt am Ende der *Students' time* statt (siehe Kapitel 8 Evaluation).

Die Darstellung der nachfolgenden Aktivitäten orientiert sich an den vier Leitfragen. Zusätzlich werden Varianten vorgestellt, die angeboten werden können. Vor allem aber sollte es immer Raum geben für Schülerideen zu Varianten oder anderen Umsetzungsmöglichkeiten. Diese sollten ebenso gesammelt und auf Übersichten dargestellt werden, wie die von der Lehrkraft vorgestellten Aktivitäten.

Zunächst wird in diesem Kapitel beschrieben, wie die Lernenden Wortschatz und Wendungen suchen und später in kleinen Texten benutzen, indem sie allein oder in Partnerarbeit eigene Materialien zum Lernen und zum Gebrauch der Zielsprache herstellen (Abschnitt 5.1). Auch wenn hier der Fokus auf schriftlichen Formaten liegt, beinhalten die Anleitung, die Herstellung und vor allem die Nutzung dieser Materialien viel gesprochene Sprache.

Anschließend werden Aktivitäten vorgestellt, bei denen es in erster Linie um das Sprechen im Sinne authentischer Kommunikation geht (Abschnitt 5.2). Im dritten Teil (Abschnitt 5.3) liegt der Schwerpunkt auf der schriftlichen Sprachproduktion. Somit lassen sich schriftliche und mündliche Sprachhandlung gar nicht voneinander trennen, weil alle Kompetenzen, auch das Lesen und Hörverstehen, in alle Aktivitäten einfließen.

5.1 Die Lernenden stellen eigene Materialien her (Sprechen und Schreiben)

Wenn hier die Rede davon ist, dass Lernende eigene Materialien erstellen, dann ist damit gemeint, dass sie ...

- Material für neuen Wortschatz, für authentischen Sprachgebrauch, zum Lesen und/oder zum Spielen selbst erstellen und gestalten
- und dabei den verwendeten Wortschatz selbst auswählen.

Die Themen, auf die sich die Materialien beziehen, werden von den Schülerinnen und Schülern frei gewählt oder dem Lehrplan entsprechend von der Lehrkraft vorgegeben.

Die erstellten Materialien werden in eigenen Schachteln im Klassenzimmer aufbewahrt und stehen nicht nur denen zur Verfügung, die sie erstellt haben, sondern allen in der Klasse. Die Materialien verbleiben in der Regel das ganze Schuljahr lang im Klassenzimmer. Jedes Material ist mit Namen gekennzeichnet; Nachfragen können so direkt an die Urheber gestellt werden. Am Ende des Schuljahres entscheiden die Lernenden, ob sie das, was sie erstellt haben, nach Hause oder in die nächste Klasse mitnehmen oder aber der nachfolgenden Lerngruppe überlassen wollen, was z. B. bei Brettspielen häufiger der Fall ist.

Es sind vor allem jüngere Lernende und Anfänger, die eigene Materialien in der Art produzieren, wie sie hier in den folgenden Abschnitten vorgestellt werden. Bei Älteren rücken zunehmend aufwändigere, umfangreichere und komplexere Aktivitäten und Produkte, auch in Form von Projektarbeit, in den Vordergrund (siehe Kapitel 5.3 Schriftliche Sprachproduktion und Kapitel 6 Projekte). Hierzu können anspruchsvollere Brettspiele und Textsammlungen, etwa Gedichtbände, gehören.

5.1.1 *Word cards:* Einzelwörter und Wendungen

What?

- Herstellung und Nutzung eigener Wort- oder Wort-Bild-Kärtchen durch die Lernenden.
- Man kann die Wortkärtchen auch digital erstellen, z. B. mit kostenlosen Programmen wie *Quizlet*, die im Internet zu finden sind.

Abb. 35 ***Word cards*** **– Bilderseite (2. Klasse)**

Abb. 36 ***Word cards*** **– Wörterseite (2. Klasse)**

Why?

- Erweiterung und Festigung des Wortschatzes.
- Schaffung eines Pools an Wörtern zu unterschiedlichen Themen und auf unterschiedlichen Sprachniveaus innerhalb einer Klasse/Lerngruppe.
- Förderung der Eigenaktivität (Lernwörter überlegen bzw. notieren, ihre Bedeutung herausfinden, dazu passende Bilder, Übersetzungen oder Umschreibungen suchen, Kärtchen individuell gestalten).
- Schaffung eines Materialfundus für vielerlei Aktivitäten, die zur Festigung neuen Wortschatzes führen.

How?

- Die Lehrkraft sammelt mit den Lernenden Ideen, wo sie ihren neuen Wortschatz finden (z. B. in Büchern, von Fotos und Bildern in Zeitschriften, Broschüren, aus YouTube-Videos oder Filmen etc.) und hält diese auf einem Plakat fest (*Where to find words).*
- Jede Lernerin bzw. jeder Lerner sammelt individuell den Wortschatz und die Wendungen, die sie/er braucht oder lernen will.

- Anfänger und junge Schüler können von Bildmaterial (Prospekte, Zeitschriften etc.) ausgehen und hieraus die Bilder ausschneiden, die sie interessieren und deren Bezeichnung sie lernen wollen.
- Auch Bildwörterbücher können ein guter Ausgangspunkt sein, um einen Wortschatz zu sammeln, der noch nicht bekannt ist.
- Die Schülerinnen und Schüler schneiden ihre Wortkärtchen von kopierten Vorlagen selbst aus (siehe Kapitel 10 Kopiervorlagen).
- Sie schreiben auf eine Seite das Wort oder die Wendung in der Zielsprache, auf die Rückseite malen/kleben sie ein Bild, schreiben die Übersetzung in ihrer Erstsprache oder eine Umschreibung in der Zielsprache.
- Sie können anfangs Bildwörterbücher benutzen, später ein zweisprachiges Wörterbuch. Für Fortgeschrittene sind einsprachige Wörterbücher oder Sammlungen idiomatischer Wendungen sinnvoll und interessant.
- Fortgeschrittene notieren die Wortart des Wortes.
- Die Wortkärtchen sammelt jeder in einem mit Namen versehenen Umschlag in einer Klassenbox für die ***Word Cards*** aller Mitglieder dieser Lerngruppe. Die Umschläge bleiben in der Klasse, die Box steht für alle zugänglich im Regal.
- Die vielen verschiedenen Möglichkeiten, die Wortkärtchen spielerisch und zum Üben zu nutzen, werden ebenfalls vorgestellt und als Übersicht auf einem Poster festgehalten, ergänzt durch eigene Ideen aus der Klasse.

Using word cards

You can

- *work alone, in pairs or in small groups.*
- *look at the picture, say the word.*
- *look at the English word, say the German word.*
- *look at the German word, say the English word.*
- *look at the English definition, say the English word.*
- *sort words: according to alphabetical order, by length, by categories (e. g. nouns, verbs, adjectives or colours, animals, plants, places etc.).*
- *do a dictation: Let someone read the English word to you and spell it out loud (using letters or the NATO phonetic alphabet) or write it down (make sure you have the correct spelling on your word card!).*
- *do a spelling dictation where your partner spells out the word*
- *(e. g. T – R – E – E) and you either say it or write it down ("tree").*
- *play "Guess my word": Describe what it is without using the word itself, let your partner or group guess the word.*
- *draw what the word expresses and let the others guess it.*
- *mime the word and let the others guess it.*
- *make acrostics for your words.*
- *take the writing challenge: Take 3–10 cards and use them in a sentence/ story.*

Variationen

Es können Wortkärtchen zu bestimmten (Lehrplan-)Themen erstellt und gesammelt werden (siehe Foto). Diese sind dann nicht mehr einer oder einem bestimmten Lernenden zuzuordnen (siehe auch Kapitel 5.2.7 *Mind maps*).

Abb. 37 Box für *Word cards*

5.1.2 *Dominoes:* Wendungen und Sätze

What?

- Von Lernenden selbsterstellte Dominos, die Bild und Text oder auch nur Text verknüpfen, z. B. Satzanfang und -ende, Frage und Antwort, Vergleiche, Redewendungen und Sprichwörter, Begriff und Definition etc.
- Eine ganze Geschichte kann in Form eines Dominos gestaltet werden.

Why?

- Gelegenheit zu erweiterter Sprachproduktion (Wörter um Attribute erweitern, kurze Texte und Bilder verbinden)
- Verbindungen von Begriffen und Erläuterungen herstellen, z. B. englische Wörter und ihre englische Definition, Ortsnamen und typische Sehenswürdigkeiten, grammatikalische Begriffe und ihre Bedeutung, Zahlen in Ziffern und ausgeschrieben, Wörter in Lautschrift und ausgeschrieben, Vergleiche (*as quiet as a ... mouse, as big as an ... elephant)* etc.
- Dominos werden von jungen und fortgeschrittenen Lernenden gleichermaßen gern erstellt und genutzt.

How?

- Die Schülerinnen und Schüler verwenden die Kopiervorlage (siehe Kapitel 10 Kopiervorlagen) oder erstellen eigene Dominokarten im selbstgewählten Format.
- Sie können den linken Abschnitt der ersten Dominokarte mit *Start* und das letzte Feld mit *End* markieren.
- Anschließend werden die Dominokarten ausgeschnitten. Sie kommen in einen Umschlag mit dem jeweiligen Schülernamen und dem Titel des Dominos.
- Der beschriftete Umschlag kommt in eine Box im Klassenzimmer und steht allen zur Verfügung.
- Zum Spielen nehmen die Lernenden ein Domino heraus, mischen die Karten und teilen sie auf die Mitspielenden auf. Wer die erste Karte hat, beginnt und legt diese Karte in die Mitte. Reihum versuchen die Mitspielenden, aus ihren Dominokarten die passenden anzulegen.

Abb. 38 Beispiel-Domino, von der Lehrkraft als Anschauungsmaterial erstellt

Abb. 39 Beispiel-Domino, von der Lehrkraft erstellt (*Do you like ...?*)

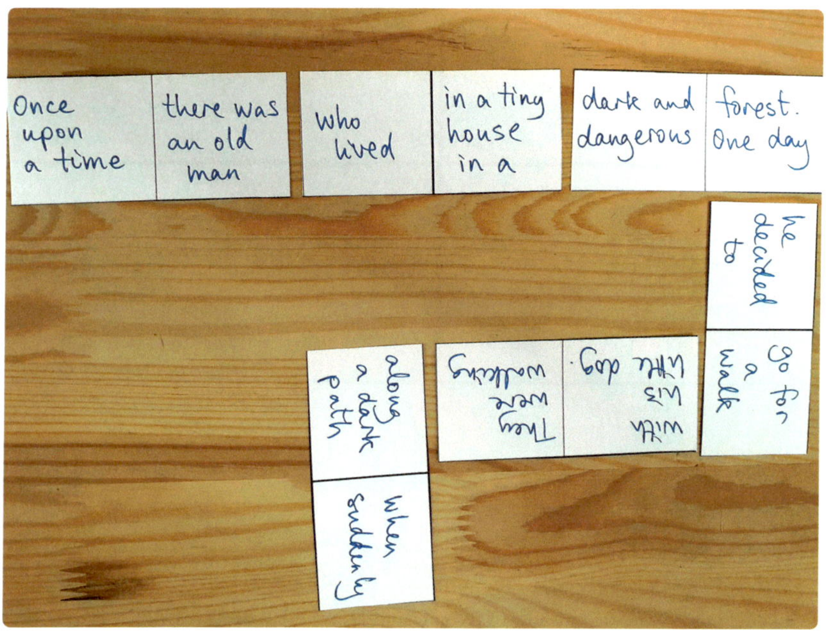

Abb. 40 Beispiel-Domino, von der Lehrkraft erstellt (*Once upon a time*)

Abb. 41 Beispiel-Domino, von der Lehrkraft erstellt (*Similes*)

Abb. 42 Von Schülern erstelltes Domino (3. Klasse)

5.1.3 *Picture lotto:* Bilder und Sätze

What?

- Ein von Lernenden selbsterstelltes Spielmaterial, das mit einem höheren Anteil an Textproduktion verbunden sein kann, als es bei den *Word cards* und den *Dominoes* meist der Fall ist. Beim Spielen finden sowohl Vorlesen als auch Hörverstehen statt.

Why?

- Gelegenheit zu erweiterter Sprachproduktion geben: durch kurze Texte, die ein Bild beschreiben.
- Zusammenarbeit stärken: Die *Picture-Lotto*-Spiele mehrerer Schülerinnen und Schüler können in einem Spieldurchgang zusammen verwendet werden.
- Beim Spielen wird laut vorgelesen, beim Zuordnen der Texte zu Bildern wird Bedeutung ausgehandelt.

How?

- Die Lernenden erstellen je mindestens eine Bilderlotto-Karte mit ca. sechs Bildern.
- Die Bilder können selbstgemalt oder aufgeklebt werden. Für Bilder, die aus Broschüren oder Zeitschriften ausgeschnitten werden, eignet sich farbiges Tonpapier im Format A5. Wenn die Kinder selbst zeichnen, ist (dickeres) weißes Papier besser.
- Es können auch Bildergeschichten (z. B. „Vater und Sohn“) dafür auseinandergeschnitten und verwendet werden.
- Zu jedem Bild schreiben die Schüler auf einem separaten Kärtchen einen kleinen Text, z. B. eine kurze Beschreibung (siehe Kapitel 10 Kopiervorlagen).
- Bilder- und passende Textkarten kommen in einen mit dem Urhebernamen beschrifteten Umschlag.
- Um *Picture lotto* zu spielen, braucht es mindestens zwei Sets von Bildern und dazugehörigen Textkarten. Die Textkarten werden gemischt. Jede Spielerin bzw. jeder Spieler bekommt mindestens eine Bilderkarte. Abwechselnd lesen sie die gemischten Textkarten vor. Wer das Bild auf seiner Lottokarte hat, bekommt die Textkarte und deckt damit das Bild zu. Es kann auch ein vorher bestimmter „Ausrufer“ alle Textkarten vorlesen.

Abb. 43 **Beispiel *Picture lotto,* von der Lehrkraft erstellt (einfach)**

Abb. 44 **Beispiel *Picture lotto,* von der Lehrkraft erstellt (mehr Text)**

5.1.4 *Mini-books:* Bilder und kurze Texte

What?

- *Mini-books* können mit einer einfachen Falttechnik aus einem DIN-A4- oder A3-Blatt gefaltet, aber auch in jeder anderen Art und Weise hergestellt werden.
- Ältere und Fortgeschrittene verwenden eigene Formate für umfangreichere Sach- und fiktionale Texte.

Why?

- *Mini-books* geben Kindern die Möglichkeit, erste kleine Texte, dann kurze Geschichten in der Zielsprache in Buchform zu schreiben und zu gestalten.
- Die fertigen *Mini-books* stehen anschließend allen als Lesestoff zur Verfügung.

How?

- Die Schülerinnen und Schüler falten ein A4- oder A3-Blatt so, dass mit nur einem kurzen Schnitt mit der Schere ein achtseitiges Faltbuch entsteht (Anleitung siehe Kapitel 10 Kopiervorlagen).
- Das Deckblatt wird als Buchcover mit Titel und dem Namen der Autorin oder des Autors gestaltet.
- Die fertigen *Mini-books* werden in einer Box im Klassenzimmer gesammelt und stehen allen als Lesestoff zur Verfügung.
- Für Ältere und Fortgeschrittene bietet dieses Format nicht genug Raum für längere Sach- und fiktionale Texte. Sie können sich andere Formate und Herstellungsformen für ihre Texte ausdenken oder auswählen.

Abb. 45 ***Mini-book*** **einer Schülerin (1. Klasse)**

5.1.5 *Board games:* Fragen, Aktionen und Regeln

What?

- Eigene Brettspiele zu entwickeln und herzustellen ist vor allem bei jüngeren Lernenden sehr beliebt, wird aber auch von Älteren mit viel Erfolg gemacht. Fortgeschrittene benutzen einen größeren und anspruchsvolleren Wortschatz, wenn sie Frage- und Aktionskarten für ihr Spiel erstellen.

Why?

- Kinder können in einem Brettspiel eigene Themen oder Ideen entwickeln und ausarbeiten. Dabei entsteht eine hohe Motivation.
- Das Aushandeln und Formulieren von Spielideen und Spielregeln stellt eine sprachliche Herausforderung dar, die neue Lernzuwächse ermöglicht.
- Brettspiele werden meist in Teamarbeit entwickelt und hergestellt. Der Lernprozess und der Lerneffekt spielen sich hauptsächlich in dieser kreativen Phase ab.
- Dabei können Schülerinnen und Schüler sowohl in sprachlicher Hinsicht voneinander lernen, als auch ihre sozialen und kreativen Fähigkeiten (weiter-)entwickeln.
- Bei der Erstellung von Frage- oder Aktionskarten wird viel Wortschatz aktiviert. Die Lernenden können sich dabei bestimmte Satzstellungen oder Frageformen einprägen.

How?

- Um die für die Erstellung des Spielbretts aufgewendete Zeit zu verkürzen, kann man einen Blanko-Spielplan zur Verfügung stellen (Beispiel rechts, die passende Kopiervorlage siehe Kapitel 10.6 *Board Game*). Ältere wollen womöglich ein eigenes Spielfeld entwerfen. Dann sollte man eine klare Verabredung treffen, wie viel Zeit sie für das Design aufwenden können.
- Die Lernenden überlegen sich eine Spielidee und die Regeln, nach denen gespielt wird, formulieren diese auf Englisch und schreiben sie auf.
- Sie suchen passende Spielfiguren oder stellen eigene her.
- Sie erstellen Aktions- oder Fragekärtchen, die im Spielverlauf benutzt werden. Die Fragen und Aufträge sollten entsprechend dem Alter und Lernstand der Kinder ausführlicher formuliert sein, wie in diesem Beispiel aus einem *Shopping Game: Tell me three things from this shop that you can eat. Go three steps forward. // What can you buy here for only one Euro? Go one step forward. // Name three things you can buy in this shop beginning with 's'. Go three steps forward.*

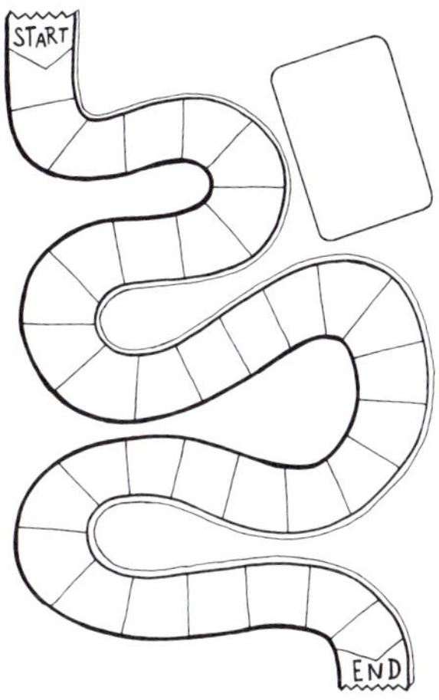

Abb. 46 Vorlage für ein *Board Game*

5.2 Mündliche Sprachproduktion (auch schriftlich nutzbar)

Um Lernerautonomie zu fördern, ist es wichtig, dass die Kinder und Jugendlichen von Anfang an aufgefordert und ermutigt werden, miteinander und mit der Lehrkraft darüber zu kommunizieren, was sie tun wollen, was sie mögen oder nicht mögen, was sie über eine Aktivität denken, wie es ihnen geht etc. Wenn sie diese Inhalte in der Zielsprache ausdrücken, findet authentischer Sprachgebrauch statt. Das geschieht auch in den in diesem Kapitel beschriebenen authentischen Sprechsituationen.

Was die folgenden Aktivitäten auszeichnet ist, dass sie sowohl mit jungen Lernenden oder Anfängern als auch auf höchstem Sprachniveau eingesetzt werden können. Sie sind so offen formuliert, dass jede Schülerin bzw. jeder Schüler sich für eigene Themen und Vorlieben entscheiden kann. Diese Aktivitäten lassen sich aber auch in Themenschwerpunkte des Unterrichts einbetten. Vor allem aber ermöglichen sie ständig Kommunikation und echten Austausch in der Klasse oder Lerngruppe, wobei vorhandene sprachliche Fähigkeiten und Weltwissen eingesetzt werden.

Diese Aktivitäten werden *Umbrella activities* genannt. Sie ...
- aktivieren das Wissen der Schülerinnen und Schüler in der Zielsprache,
- lassen die Lernenden am Wissen der anderen teilhaben,
- ermöglichen soziale Interaktion,
- erlauben jeder und jedem teilzunehmen, unabhängig von den eigenen Fähigkeiten,
- ermöglichen direkte persönliche und authentische Kommunikation,
- zielen darauf ab, dass sich jede Schülerin und jeder Schüler in der Zielsprache „heimisch" fühlt, weil sie/er vorhandenes Wissen einbringen und Themen selbst bestimmen kann.

Wie auch sonst werden die Aktivitäten von der Lehrkraft zunächst ein erstes Mal in der *Teacher time* eingeführt und dabei von den Lernenden erprobt und evaluiert. Sie werden in einer Übersicht auf einem Poster aufgelistet. Danach stehen sie während der Schülerzeit zur Auswahl, wie immer ergänzt durch eigene Ideen der Lernenden.

Abb. 47 Poster *Things to do in class*

5.2.1 *Word ping-pong:* Wörter „werfen"

What?

- Die Lernenden sagen einander abwechselnd Wörter, die sie kennen.

Why?

- Eine niederschwellige Gelegenheit zum mündlichen Sprachgebrauch.
- Aktiviert den vorhandenen Wortschatz der Lernenden (allgemein oder zu einem speziellen Thema).
- Die Aktivität kann auch zwischendurch eingesetzt werden, wenn noch ein wenig Unterrichtszeit übrigbleibt.

How?

- Zwei Schülerinnen bzw. Schüler „werfen" sich gegenseitig Wörter in der Zielsprache zu, ohne dass diese Wörter sich aufeinander beziehen müssen. Oft ergeben sich aber unabgesprochene Assoziationsketten, die jedoch jederzeit abgebrochen werden können.

- Es kann ein Zeitlimit geben, z. B. zwei Minuten, das mit einer Sanduhr oder einem Wecker überwacht wird. Die Lernenden können selbst entscheiden, ob und welches Zeitlimit sie sich setzen.
- Während des Wortwechsels führen die Schülerpaare eine Strichliste, um die Anzahl der gemeinsam gefundenen Wörter festzuhalten.
- Im Anschluss an das *Word ping-pong* halten sie in ihrem Logbuch fest, mit wem sie gearbeitet und wie viele Wörter sie gemeinsam gesagt haben.

Variationen

Im Verlauf können die Paare zur Steigerung der Schwierigkeit ihren Fokus auf bestimmte Wortarten oder Themengebiete richten:

- *Parts of speech: nouns, verbs, adjectives, prepositions*
- *Categories or topics: fruit, animals, jobs, politics*
- *Word types: Words beginning with the letter "t", five-letter-words*
- *Collocations with "make" and "do"*

Es können Bilder benutzt werden, auf die sich die Schülerinnen und Schüler in der Wortschatzsammlung beziehen (siehe unten: ***Picture and words***). Die Aktivität kann auch draußen stattfinden: Die Paare benennen abwechselnd Dinge, die sie im Freien sehen.

5.2.2 *Word snake*: Wörterketten bilden

What?

- Die Lernenden wechseln sich dabei ab, Wörter zu sagen, die jeweils mit dem Endlaut oder Endbuchstaben des vorangegangenen Wortes beginnen.

Why?

- Wortschatzaktivierung (generell oder auf ein Themengebiet bezogen).
- Als Einstieg in ein neues Thema.
- Spielerischer Umgang mit Wörtern, für Anfänger ist diese Aktivität allerdings herausfordernd.
- Phonologische und eventuell auch orthographische Bewusstheit schärfen.

How?

- Zwei sagen oder schreiben abwechselnd Wörter in der Zielsprache. Dabei gilt die Regel, dass jedes Wort mit demselben Laut oder Buchstaben beginnen muss, mit dem das vorherige endete.
- Die Wörter können gesprochen oder auch aufgeschrieben werden.
- Es kann ein Zeitlimit geben, z. B. zwei Minuten, das mit einer Sanduhr oder einem *Timer* überwacht wird.
- Findet die *Word snake* mündlich statt, führen die Schülerpaare eine Strichliste, um die Anzahl der gemeinsam gefundenen Wörter festzuhalten. Wenn die Wörter aufgeschrieben wurden, werden sie anschließend gezählt.

- Im Anschluss an die Aktivität *Word snake* halten die Schülerpaare in ihrem Logbuch fest, mit wem sie gearbeitet und wie viele Wörter sie gemeinsam gesagt oder aufgeschrieben haben.

Variationen

Hier sind ähnliche Beschränkungen/Spezialisierungen wie beim *Word ping-pong* möglich, z. B. das Thema *animals*: *elephant – tiger – rhinoceros – snake – etc.* (weitere mögliche Themen/Wortarten: *school things, nouns, verbs etc.*).
Man kann auch ein gemeinsames Anfangswort verwenden und am Ende vergleichen, was bei unterschiedlichen Schülerpaaren das letzte gefundene Wort war.
Diese Aktivität kann auch als schriftliche Einzelarbeit im Logbuch stattfinden (siehe Abb. 48).

Abb. 48 ***Word snake*** **(6. Klasse)**

5.2.3 *Picture and words/questions:* zu Bildern Wörter finden und Fragen stellen

What?

- Die Lernenden wählen Bilder aus, zu denen sie Wörter sagen und sammeln und/oder Fragen stellen.

Why?

- Bilder sind eine hervorragende Grundlage für Wortschatzarbeit, erste Gespräche und authentische Fragen, weil sie unendlich viele Möglichkeiten der Assoziation und Interpretation beinhalten.
- Mit Bildern kann auf beliebig vielen sprachlichen Niveaus gearbeitet werden: von der Einzelwortäußerung bis hin zu komplexen Mutmaßungen und sowohl mündlich wie schriftlich und in Kombination.

- Weil die Schülerinnen und Schüler wieder selbst das Bild auswählen, zu dem sie Wörter suchen oder Fragen stellen, wird es ein Bild sein, zu dem sie einen Bezug herstellen können oder das sie interessiert. Damit ist erneut gewährleistet, dass sie mit in den Lernprozess einbezogen sind.

How?

- Die Lernenden wählen ein Bild aus und sagen dazu so viele Wörter, wie sie wissen (rein mündliche Aktivität als Partnerarbeit).
- Sie schreiben Wörter bzw. Fragen zum Bild auf Kärtchen oder ein Blatt Papier und legen diese zusammen mit dem Bild in einen Umschlag. Dieser wird mit anderen *Picture and questions* in einer dafür vorgesehenen Schachtel aufbewahrt. Alle Lernenden können damit arbeiten und die Fragen der anderen beantworten.
- Bilder können anfangs von der Lehrkraft bereitgestellt werden, in Form von Zeitschriften, Prospekten, Broschüren und Postkarten. Es kann eine Auswahl sein, die sich auf ein Thema des Lehrplans bezieht.
- Ergänzt werden kann das Angebot stets durch Bilder und Fotos, die die Kinder oder Jugendlichen selbst mit in den Unterricht bringen (als Hausaufgabe: *Find a picture/pictures to bring to school and use for picture and words*). Es empfiehlt sich, das Bildmaterial in einem Ordner oder in einer Schachtel zu sammeln und an einem festen Ort im Klassenzimmer aufzubewahren.
- Für jüngere Schüler eignen sich auch Wimmelbilderbücher ohne Text sehr gut.
- Die Lernenden arbeiten zu zweit oder in einer Kleingruppe. Sie wählen ein Bild aus. Für Jüngere bzw. Anfänger kann der erste Schritt darin bestehen, möglichst viele Dinge zu benennen, die sie in dem Bild sehen. Später können die Dinge in Anzahl und Aussehen genauer beschrieben werden, zu sehende Tätigkeiten, Stimmungen und Gefühle werden benannt.
  - In den ersten Lernjahren wird mit leichten Fragen begonnen, die sich aus dem Bild herauslesen lassen, z. B. *What colour is the dog? How many trees can you see? Can you find the dog – where is it?*
  - Mit fortgeschrittenen Sprachkenntnissen können die Fragen über das im Bild Sichtbare hinausgehen, z. B. *What is the girl saying to the boy? Why is the dog running away?*

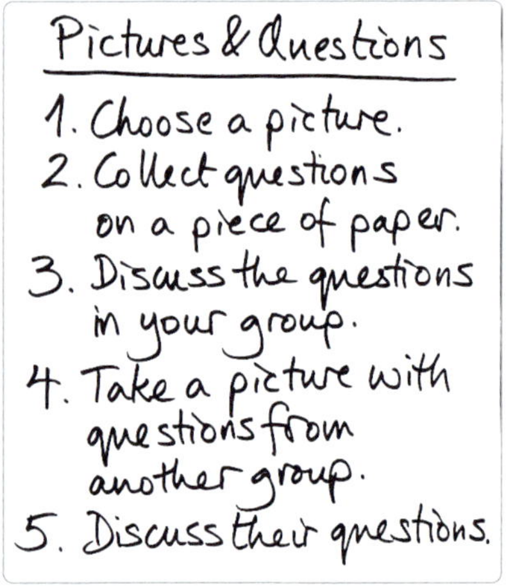

Abb. 49 **Poster *Picture and questions***

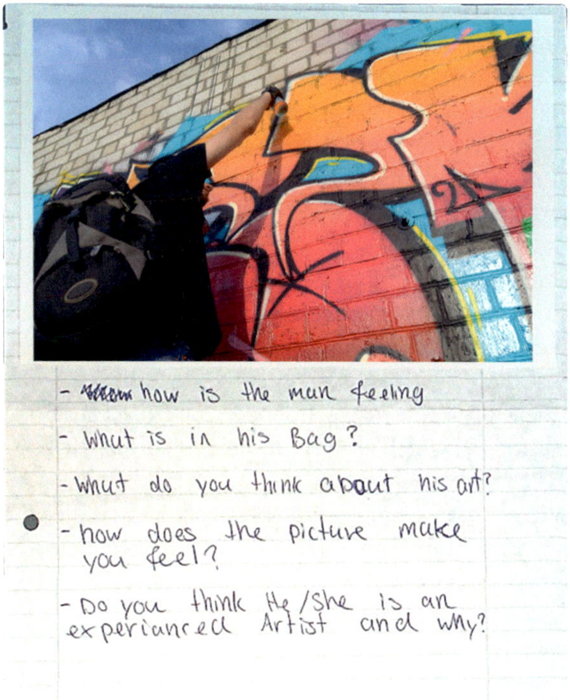

Abb. 50 ***Picture and questions*** **(9. Klasse)**

Variationen

Die Schülerinnen und Schüler schreiben ihre Fragen zu den Bildern auf ein Blatt Papier und legen dieses zusammen mit dem Bild in einen Umschlag. Darauf schreiben sie ihre Namen und einen Titel für das Bild. Nun kann eine andere Schülergruppe ebenfalls damit arbeiten, die Fragen beantworten und neue hinzufügen.

5.2.4 *Picture dictation:* Bilder „diktieren"

What?

- Die Lernenden gestalten eigene Bilder und nutzen sie in Partnerarbeit für Bilddiktate.
- Idealerweise gestalten sie die Bilder zu Hause.

> **Leni Dam:** *I originally used this activity for homework, because drawing the pictures can easily be done at home and class time is too precious to use for drawing pictures.*

Why?

- Die Aktivität fördert zusammenhängendes Sprechen.
- Die Schülerinnen und Schüler beschreiben eigene Zeichnungen oder Bilder.
- Es findet sowohl Sprachproduktion als auch Hörverstehen statt.
- Die Lernenden setzen Gehörtes bildlich um.
- Es ist bei dieser Aktivität nicht nötig zu schreiben, daher eignet sie sich besonders gut für jüngere/schwächere Lernende.

How?

- Jede Schülerin bzw. jeder Schüler bereitet (am besten zu Hause) einige kleine Zeichnungen vor. Es empfiehlt sich, dafür eine Vorlage mit vier, sechs oder neun gleich großen Feldern anzubieten (siehe Kopiervorlage Kapitel 10.7 *Picture dictation*). Alternativ können die Kinder eine vorgegebene Anzahl von Feldern für ihre eigenen Zeichnungen und eine gleich große Anzahl von leeren Feldern in ihr Logbuch malen.
- In die ersten Felder malen bzw. zeichnen sie Gegenstände oder kleine Bilder.
- Bei der eigentlichen *Picture dictation* „diktieren" sie sich in Partnerarbeit abwechselnd den Inhalt ihrer Felder. Dabei entscheiden sie selbst, ob sie alles benennen oder umschreiben, was sie gezeichnet haben.
- Die Zeichnenden können nachfragen, wenn sie etwas nicht verstehen.
- Anschließend vergleichen die Partner ihre Bilder und stellen Unterschiede und Gemeinsamkeiten fest.

Variationen

Wenn die ganze Klasse während der ***Teacher time*** diese Aktivität macht, können sich die Partner in der Reihenfolge zusammensetzen, in der sie mit dem Malen fertig geworden sind (***Bus-stop-Methode:*** Wer fertig ist, geht zum *Bus-stop*-Schild und wartet dort auf das nächste fertige Kind, mit dem es dann zusammenarbeitet).

Es können auch bestimmte thematische Vorgaben oder sprachliche Anregungen gemacht werden, z. B. *summer, things you do every day, red things.*

Abb. 51 ***Picture dictation*** **(5. Klasse)**

5.2.5 *Talking/discussion cards:* Fragen formulieren und diskutieren

What?

- Die Lernenden erarbeiten in Kleingruppen Fragen, über die sie miteinander diskutieren können.
- Diese Fragen können sich auf ein frei gewähltes oder vorgegebenes Thema beziehen, aber auch auf ein Bild oder einen Text.

Why?

- Gute Möglichkeit, zurückhaltende Schülerinnen und Schüler in eine mündliche Arbeit zu involvieren, weil sie in einer kleinen Gruppe arbeiten. Es ist für sie unter Umständen leichter, konkrete Fragen zu beantworten, als sich in einem freien Gespräch auszutauschen.
- Die Aktivität kann als Einstieg, aber auch Vertiefung in ein Thema genutzt werden: Die Lernenden stellen Fragen, deren Antworten sie noch nicht kennen.
- Bei der Arbeit mit Bildern: Die Bildebene lässt viele Interpretationen und Sichtweisen zu.
- Bei der Arbeit mit einem Text: Beim Fragenstellen findet eine tiefere Auseinandersetzung mit dem Text statt, als wenn Texte nur gelesen oder vorgegebene Fragen beantwortet werden.

How?

- Lehrkraft und Lerngruppe legen gemeinsam Kriterien für *good questions* fest, z. B.
  - *Questions you can answer in different ways*
  - *Questions you don't know the answer to*
  - *Questions that make you think*
  - *Questions you can discuss for longer than a minute*
- Die Lehrkraft kann ein übergeordnetes Thema vorgeben, z. B. *Eco-friendly behaviour.*
- Die Lehrkraft kann auch Bilder oder Texte (literarische Texte wie Songtexte, Kurzgeschichten oder Gedichte oder Sachtexte) zur Verfügung stellen.
- Die Schülerinnen und Schüler schreiben zunächst in Einzelarbeit Fragen oder Diskussionsthemen auf Zettel, eine Frage bzw. ein Thema pro Zettel.
- Anschließend setzen sich die Lernenden in Dreier- oder Vierergruppen zusammen, lesen sich gegenseitig ihre Fragen vor, beantworten sie und/oder diskutieren darüber.
- Wenn sie feststellen, dass eine Frage nicht interessant genug war, können sie diese ergänzen, indem sie z. B. ein *Why?* hinzufügen.
- Jede Gruppe sammelt ihre Zettel mit Fragen in einem Umschlag, den sie mit den Namen der Teilnehmer beschriftet.
- Ein anderes Mal kann eine Gruppe mit den Fragen anderer Schülerinnen und Schüler arbeiten.

Abb. 52 ***Talking cards*** **(10. Klasse)**

5.2.6 *Two-minute-talk and chat:* sich unterhalten

What?

- Schülerinnen und Schüler unterhalten sich in der Zielsprache frei über selbstgewählte Themen.
- Es findet ein Dialog bzw. eine Konversation statt.

Why?

- Jede bzw. jeder bringt eigene Erfahrungen und eigenes Wissen ein und kann somit ihre/seine Persönlichkeit in der Zielsprache ausdrücken.
- Es findet authentische Kommunikation statt.
- Die Lernenden nutzen ihre kommunikativen Kompetenzen (z. B. aus ihrer Muttersprache) und entwickeln diese weiter.
- Die Aktivität bietet Gelegenheit, um in der Sprache anzukommen.

How?

- Die Lernenden bestimmen selbst das Thema ihres *Two-minute-talks* oder *chats* und tauschen ihre Erlebnisse und/oder ihre Ansichten aus.
- Das Gespräch nimmt einen natürlichen Verlauf, die Themen können sich innerhalb der Gesprächszeit ändern.
- Die Schülerinnen und Schüler unterhalten sich paarweise.

- Sie dehnen die Gesprächszeit von zwei Minuten nach Bedarf aus, sodass der Name der Aktivität, *Two-minute-talk,* in höheren Jahrgängen nicht mehr den genauen Zeitumfang beschreibt.
- Im Anschluss an den *Two-minute-talk* halten die Schülerinnen und Schüler in ihrem Logbuch fest, **mit wem** sie sich **worüber** unterhalten haben.

How to get started with young learners/beginners
Bei Anfängern und jüngeren Lernenden werden anfangs Austausche mit begrenztem Wortschatz stattfinden, also einfache Frage-Antwort-Dialoge. Dabei können typische *Smalltalk*-Themen und -Wendungen genutzt werden. Die Schülerinnen und Schüler unterhalten sich z. B. über ihr Wochenende, neue Handys, Turnschuhe oder ein Computerspiel. Zunehmend entwickeln sich diese *talks/chats* zu ausführlichen Gesprächen, sowohl im Hinblick auf den Wortschatz als auch was die kommunikativen Strategien betrifft. Zu Beginn bzw. so lange es für sie wichtig ist, notieren sie unter Umständen auch, **wie lange** ihr Gespräch gedauert hat.

With what result?
Um die Lernenden für längere Sprecheinheiten zu motivieren, hat es sich als nützlich erwiesen, zu Beginn zu testen, wie lange sie es schaffen, Englisch zu sprechen. Dies kann einfach gemacht und im Logbuch dokumentiert werden: Mittels einer Skala von 0 bis 10 (siehe Kapitel 8 Evaluation und Bewertung) halten die Schülerinnen und Schüler anfangs fest, wie hoch der Zeitanteil war, in dem sie Englisch gesprochen haben. Auf diese Weise sehen sie, wie sich ihre kommunikative Kompetenz entwickelt. Später können sie mit der Skala ausdrücken, wie flüssig sie ihr eigenes Sprechen empfanden, und/oder dies zusätzlich mit Worten beschreiben.

Variationen
Die Aktivität kann (z. B. während der Lehrerzeit) in einem größeren Raum oder im Freien als *Walking and talking* stattfinden, bei dem sich zwei Lernende unterhalten und umhergehen. Beim Ertönen eines Signals wechseln sie die Partner.

Speed-dating im Klassenzimmer (während der Zusammenzeit): Die Hälfte der Lerngruppe sitzt an einem festen Platz, die andere Hälfte sitzt zwei Minuten lang jeweils bei einer Partnerin oder einem Partner und wechselt beim Ertönen eines Signals zum nächsten Tisch. Das kann auch in Form der Kugellager-Methode in zwei konzentrischen Kreisen stattfinden, von denen sich einer nach jeder Sequenz in eine Richtung weiterbewegt.

Talking Marathon: Schülerpaare oder -gruppen versuchen, so lange wie möglich miteinander Englisch zu sprechen, vereinbaren selbst Regeln dafür und stoppen, wie lange sie durchhalten.
Falls den Lernenden die Themen ausgehen, hilft eine Sammlung mit Themenvorschlägen der Schülerinnen und Schüler. Wer kein Thema hat, geht zur *topic box* und sucht sich eine Themenkarte heraus.

Abb. 53 *Topic box* für Themen (Draufsicht)

Abb. 54 *Topic box* für Themen (geöffnet)

5.2.7 *Mind maps:* einen Monolog vorbereiten

What?

- Schülerinnen und Schüler erstellen eigene *Mind maps* zu Wortfeldern oder Themen.
- Die *Mind maps* stehen allen in der Lerngruppe für Schreib- und Sprechanlässe, vor allem für monologisches Sprechen, zur Verfügung.

Why?

- *Mind maps* sind eine hervorragende Hilfe zur Sammlung und Strukturierung von inhaltlichen Aspekten sowie des Wortschatzes zu einem Thema.
- Sie strukturieren Wortschatz und Inhalte in ähnlicher Weise wie unser Gehirn.
- Sie dienen als Vorarbeit und als Stichwortgeber für mündliche Kurzreferate (ein typisches Prüfungsformat mittlerer Schulabschlüsse).
- Als fertiggestelltes Material stehen die erarbeiteten *Mind maps* allen Mitschülerinnen und Mitschülern zur Verfügung. So können viele unterschiedliche Themen erarbeitet werden, die alle in der Klasse zur Vorbereitung auf Kurzreferate nutzen können.

How?

- Die Lernenden gestalten zu einem Thema eine *Mind map* allein, in Partner- oder Gruppenarbeit.
- Zu dieser *Mind map* erstellen sie *Word cards* mit passendem Wortschatz.

Variationen

Zusätzlich kann zu einem Thema eine Liste der wichtigsten oder interessantesten Informationen zusammengestellt werden. Auch ein zusammenfassender Text ist möglich. Zu historischen Themen lassen sich Zeitleisten erstellen.

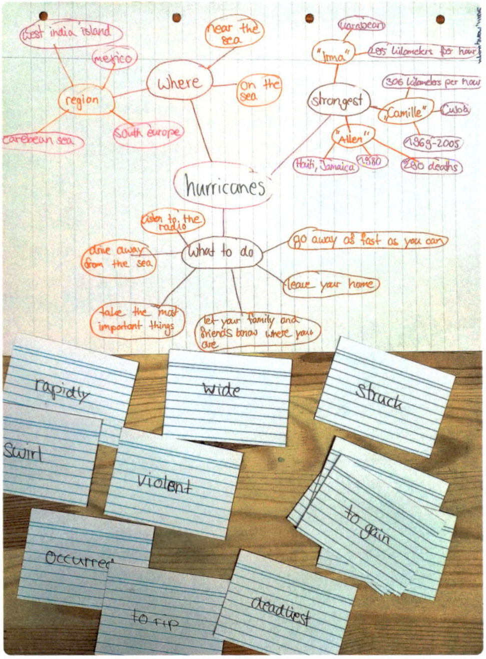

Abb. 55 ***Mind map* und *Word cards* (10. Klasse)**

5.3 Schriftliche Sprachproduktion (auch mündlich nutzbar)

Es spricht viel dafür, dass die schriftliche Sprachproduktion die mündliche Sprachkompetenz stärkt (und umgekehrt!). Dies kann schon im frühen Stadium des Fremdsprachererwerbs stattfinden – mittels *Word cards, Dominoes* und *Picture lotto.* Bei diesen Aktivitäten, wie auch bei allen anderen hier vorgestellten, sind sowohl Sprechen und Hören wie Schreiben und Lesen involviert.

Mit zunehmender Sprachkompetenz sollten den Lernenden weitere Schreibaktivitäten vorgestellt werden, die ihnen eine vielfältige schriftliche Sprachproduktion ermöglichen.

Für den Lernprozess besonders förderlich sind alle kooperativen Schreibaktivitäten. Hier können alle Beteiligten ihre Stärken einbringen (Ideen, Wortschatz, Formulierungskünste, orthografische Kenntnisse) und von den Stärken der anderen profitieren. Die folgenden Aktivitäten können als Partner- oder Gruppenarbeit, aber auch allein gemacht werden. Wenn sie sich über einen längeren Zeitraum erstrecken, werden daraus Projekte (siehe Kapitel 6 Projekte).

5.3.1 *Picture and words:* zu Bildern Wörter suchen

Abb. 56 *Picture and words* (4. Klasse)

What?
- Die Schülerinnen und Schüler suchen zu Bildern passenden Wortschatz.

Why?
- Bilder regen Lernende dazu an, ihren vorhandenen Wortschatz zu nutzen und zu erweitern.
- Schon Anfänger können auf diese Weise damit beginnen, schriftlich zu arbeiten.

How?
- Die Schülerinnen und Schüler wählen ein Bild aus, kleben dies in ihr Logbuch ein (oder malen ein eigenes Bild) und schreiben dazu Wörter auf.
- Sie können dies allein oder in Zusammenarbeit mit anderen tun.

Variationen
Die zu einem Bild gesammelten Wörter können durch unterschiedliche Farben als Nomen, Verben und Adjektive gekennzeichnet werden. Weitere Adjektive und Verben können gezielt gesammelt werden.
Mithilfe einer „A–Z Liste“ können Assoziationen und verwandte Ideen und Begriffe mit einem Bild verknüpft werden: Die Lernenden versuchen, zu jedem Buchstaben des Alphabets einen zu ihrem Bild passenden Begriff zu finden.

5.3.2 *Picture and text:* zu Bildern schreiben

What?
- Die Schülerinnen und Schüler wählen ein Bild aus, zu dem sie einen Text schreiben.
- Je nach Bild und eigener Entscheidung schreiben sie eine Geschichte oder einen Sachtext.

Why?
- Die eigene Auswahl der Bilder stärkt die Motivation.
- Bilder sprechen Emotionen und die Fantasie an, Ideen und Sprachproduktion werden angeregt.

- Die Lernenden können Texte nach ihrem individuellen Sprachvermögen produzieren.
- In der Zusammenarbeit mit anderen (kooperatives Schreiben) stärken und erweitern sie die eigenen Kompetenzen.

How?
- Die Schülerinnen und Schüler wählen ein Bild aus, kleben es in ihr Logbuch ein und schreiben dazu einen Text.
- Sie können dies allein oder in Zusammenarbeit mit anderen tun.

Variationen
Als Schreibvorbereitung können die Lernenden erst den Wortschatz zu ihrem Bild sammeln, bevor sie mit dem Schreiben beginnen. Es können zu dem ausgewählten Bild unterschiedliche Textarten erstellt werden, bereits bekannte oder auf diese Weise neu kennengelernte (siehe Kapitel 5.3.3 Verschiedene Textformate nutzen). Es können ebenso gut Bildergeschichten verwendet werden.

Abb. 57 ***Picture and text*** **(7. Klasse)**

5.3.3 *Different text formats:* verschiedene Textformate nutzen

What?

- Alle Textformate, die im Lehrplan vorgesehen sind, werden vorgestellt und stehen der Lerngruppe für die Arbeit im Logbuch zur Verfügung: Geschichten, Einladungen, Postkarten, persönliche und offizielle Briefe, Tagebucheinträge, Bildbeschreibungen, Berichte, Blogs, Dialoge und Interviews, Buchrezensionen, Filmkritiken, Stellungnahmen, Erörterungen etc.
- Kreatives Schreiben (Prosa und Gedichte) sollte auf jeden Fall angeboten und angeregt werden!

Why?

- Kompetenzen in schriftlicher Sprachproduktion unterstützen die mündliche Sprachproduktion und umgekehrt.
- Je nach Schulform sieht der Lehrplan unterschiedliche Textformate für die Jahrgangsstufen vor.
- Kreatives Schreiben motiviert und ermöglicht Selbstausdruck.

How?

- In der *Students' time* entscheiden sich die Schüler für eine Schreibaktivität.
- Sie arbeiten allein oder in Kleingruppen an der Textproduktion.
- Eine Übersicht der Schreibformen, Kriterien für gute Texte und *Writing prompts*[5] geben Anregung und Unterstützung.
- *Writing prompts* können als Übersicht oder Karteikarten angeboten werden (die *Writing box* enthält Kärtchen mit Textarten und Themen).
- Es ist sinnvoll, sogenannte *Model texts* anzubieten, die Anschauung für eine gelungene Textproduktion bieten. Das können Geschichten- und Gedichtesammlungen sein oder eine Mappe mit ausgedruckten und abgelegten Beispielen zu jeder Textform.
- Anleitungen, z. B. zu *Writing essays*, können als Poster zur Verfügung gestellt werden (siehe Abb. 58).

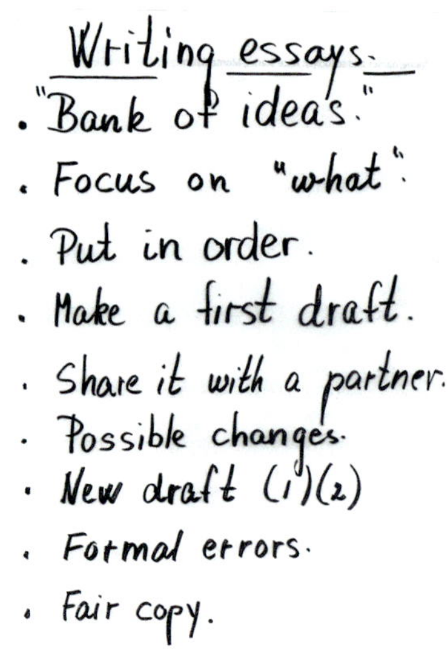

Abb. 58 ***Scaffolding Writing essays***

5 Anregungen für kreatives Schreiben in allen Altersstufen findet man online.

Abb. 59 (oben) *Writing box* geschlossen

Abb. 60 (rechts) *Writing box* offen

Variationen
Unendlich viele Variationen ergeben sich aus dem Ansatz *Change the genre,* wenn aus einem Textformat ein anderes entsteht, z. B. aus einem Gedicht ein Brief, aus einem Brief eine Geschichte, aus einem Zeitungsbericht ein Blogpost etc.

5.3.4 *Our own books:* eigene Bücher erstellen

What?
- Fortsetzung der Erstellung der *Mini-books* in einem für ältere Lernende geeigneten Format.
- Die Schülerinnen und Schüler verfassen zu selbstgewählten Themen längere Texte in Form selbsterstellter Bücher.
- Diese Bücher stehen allen in der Klasse zum Lesen zur Verfügung.
- Es können Geschichten oder Sachtexte in dieser Form „veröffentlicht“ werden.

Why?
- Eigene Bücher eignen sich als Einzelprojekte oder Klassenprojekt (siehe Kapitel 6.1 Einzelprojekte), um sich vertieft mit einem Thema zu befassen.
- Sie bieten den Lernenden die Möglichkeit, ihre eigenen Geschichten zu überarbeiten.
- Alle in der Klasse haben Zugang zu den Geschichten.

How?
- Die Lernenden können ihre Bücher nach individuellen Vorstellungen im selbstgewählten Format kreativ gestalten.
- Sie können allein oder in kleinen Gruppen arbeiten.

- Es kann auch in Form eines Klassenprojekts eine Gedichte- oder Geschichtensammlung entstehen.
- Die Bücher bestehen aus handgeschriebenen oder selbst ausgedruckten Texten, die mit einfachen Mitteln gebunden werden (Tacker, japanische Bindung[6], einfache Klebebindung).
- Die Texte können durch Bilder und Fotos illustriert werden.

Abb. 61 ***Our own poems*** **(Klassenprojekt)**

5.3.5 *Newspapers and magazines:* Texte und Formate verbinden

What?

- Die Lernenden erstellen als Gruppe und in Form eines Projekts (siehe Kapitel 6.1 Einzelprojekte) eine Zeitung oder Zeitschrift zu einem Thema oder für eine bestimmte Zielgruppe.

Why?

- In einer Zeitung oder Zeitschrift lassen sich verschiedene Textformate zu unterschiedlichen Themen unterbringen.

6 Anleitungen zur japanischen Bindung findet man online.

- Die Aktivität eignet sich hervorragend für Gruppenarbeit und stellt eine ideale *Umbrella task* dar.
- Anschließend stehen die Ergebnisse allen als Lesestoff zur Verfügung.

How?

- Die Schülerinnen und Schüler gestalten allein, in Partner- oder Gruppenarbeit zu einem Thema oder für eine bestimmte Zielgruppe (z. B. jüngere Kinder, Musikinteressierte etc.) eine Zeitung oder Zeitschrift.
- Diese besteht aus unterschiedlichen Texten, Bildern, Comics etc.
- Es kann sowohl handgeschrieben als auch mit digitalen Medien gearbeitet werden.
- Eine Seite für Leserbriefe bietet die Gelegenheit für Input und Feedback der Leserinnen und Leser und gibt der Zeitung so einen interaktiven Charakter.

Abb. 62 ***Human Rights book*** **(8. Klasse)**

6 Projekte

Der Duden definiert ein Projekt als „[groß angelegte] geplante oder bereits begonnene Unternehmung; [groß angelegtes] Vorhaben".[7] So könnte man, wenn man die Attribute in Klammern lässt, im Prinzip jede der in Kapitel 5 dargestellten Aktivitäten im Sinne einer geplanten oder bereits begonnenen Unternehmung als Projekt betrachten.

Seit langem werden Projekte als geeignete Arbeitsform für einen motivierenden und kommunikativen Sprachenunterricht angesehen:

> *A project is an extended task which usually integrates language skills through a number of activities. These activities combine in working towards an agreed goal and may include planning, the gathering of information through reading, listening, interviewing etc., discussions of the information, problem solving, oral or written reporting, and display.* (Hedge, 1993, S. 276)

Im Autonomen Sprachenlernen sind Projekte in Zielsetzung und Ausführung von den Lernenden bestimmt, innerhalb der Vorgaben des Lehrplans. Desweiteren bezeichnet der Begriff „Projekt" – im Unterschied zu einer „Aktivität" – eine Unternehmung, die länger als eine Unterrichtseinheit dauert.

In diesem Kapitel werden zwei Arten von Projekten (im autonomen Klassenzimmer) beschrieben: Einzelprojekte und Klassenprojekte. Einzelprojekte sind Projekte, bei denen die Schülerinnen und Schüler allein oder in Gruppen (mit einer oder mehreren anderen Personen) arbeiten. Bei Klassenprojekten ist die ganze Klasse zeitgleich in ein **gemeinsames** Projekt involviert.

7 https://www.duden.de/rechtschreibung/Projekt#bedeutung (zuletzt aufgerufen am 02. 08. 2022)

Ob Einzel- oder Klassenprojekt – ein Projekt durchläuft die gleichen Phasen wie andere Aktivitäten: Planung, Durchführung und Evaluation. Jeder Arbeitsschritt im Zusammenhang mit dem Projekt wird im Logbuch dokumentiert und evaluiert.

Um diese Unternehmungen selbstgesteuert durchzuführen, brauchen die Lernenden wiederum die Unterstützung durch die Lehrkraft, vor allem wenn Projekte sich über mehrere Wochen hinziehen. Dieses *Scaffolding*, also die Beratung und Bereitstellung von konkreten Ressourcen (Zeitschriften, Bücher etc.), wird – wie die sonstige Unterstützung – dialogisch erarbeitet.

6.1 Einzelprojekte

6.1.1 Vorbereitung

Wenn sich eine Schülerin bzw. ein Schüler für ein Projekt entschieden hat, gibt es zwei mögliche Vorgehensweisen. Entweder überlegen sie zuerst, mit wem (***Who?***) sie gerne arbeiten möchten; vielleicht wollen sie das Projekt aber auch allein durchführen. Oder sie entscheiden zuerst, was (***What?***) sie machen wollen, z. B.: *Make a short play, Make a book about pollution, Make a newspaper, Create a website on …* und suchen dann ihre Partner.

Die Ideen für den möglichen Inhalt (***What?***) der Projekte können auf einem Poster gesammelt werden. Im Laufe der Zeit wird diese Liste immer länger, sie wächst ähnlich wie die Liste der Aktivitäten (siehe Kapitel 5 Schülerinnen und Schüler sind produktiv). Die Liste gibt einen Überblick über das, was andere in der Klasse machen oder gemacht haben. Die aufgelisteten Projektideen können aber auch später von anderen aufgegriffen oder abgewandelt werden.

Die Projektgruppen bilden sich danach, wer zusammen mit wem woran arbeiten möchte. Das Wichtige dabei ist, dass die Schülerinnen und Schüler selbst über das ***Who?*** und ***What?*** entscheiden. Anfangs mag es allerdings notwendig oder sinnvoll sein, dass die Lehrkraft bei der Gruppenbildung unterstützt (siehe Kapitel 3.7.4 Gruppenarbeit).

Wenn sich Gruppen gebildet haben, erstellt die Lehrkraft gemeinsam mit ihnen eine Übersicht, wer woran arbeitet. Das könnte in Form einer Tabelle geschehen.

Who?	What?
Student A	*Make a board game*
Students B and C	*Make stories, small books*
Students D and E	*Make a comic*
Students F, G, H and I	*Write a play*
Students J, K, L	*Make a magazine*

6.1.2 Planung

Eine gute Planung ist immer wichtig. Wenn feststeht, was sie machen möchte, entwirft jede Gruppe ein Poster mit Angaben zu verschiedenen Aspekten ihres Vorhabens (*Who? What? Why? How?*). Dieses Poster wird innerhalb der Projektgruppe ausgehandelt. Es geht dabei sowohl um die Intentionen und Vorstellungen, als auch um konkrete Umsetzungsschritte.

Date:	*xx.xx.xxxx*
Who?	*(names of students participating)*
What?	*(outcome of the project, e. g. make a board game, create a magazine or website, make a play, research outcomes, etc.)*
Why?	*(target or goal, reason[s] for undertaking this project)*
How?	*(steps to be taken, time needed)*

Die Poster können bei jüngeren oder schwächeren Schülerinnen und Schülern ganz einfach formuliert und sehr kurz gefasst sein. In höheren Jahrgängen darf die Projektbeschreibung hingegen zunehmend detailliert ausgearbeitet werden.

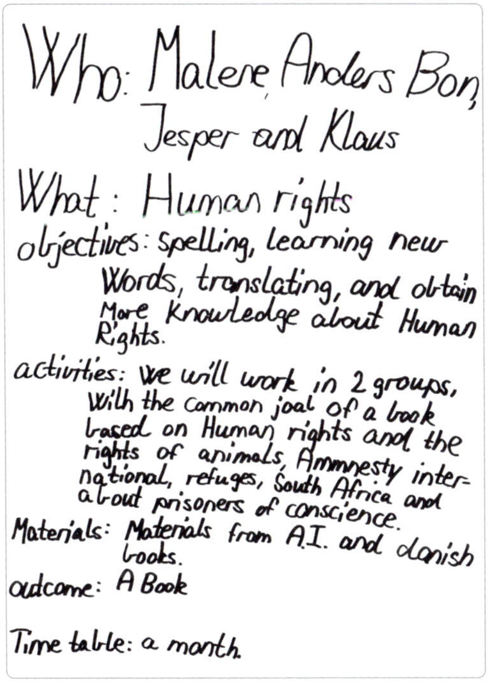
Who: Malene, Anders, Bon, Jesper and Klaus
What: Human rights
objectives: spelling, learning new Words, translating, and obtain More Knowledge about Human Rights.
activities: We will work in 2 groups, With the common goal of a book based on Human rights and the rights of animals, Amnesty international, refuges, South Africa and about prisoners of conscience.
Materials: Materials from A.I. and danish books.
outcome: A Book
Time table: a month.

Abb. 63 Poster *Human Rights group project* (8. Klasse)

6.1.3 Durchführung

Während sie über einen längeren Zeitraum an ihren Projekten arbeiten, geben die Lernenden in regelmäßigen Abständen, z. B. einmal pro Woche, mündliche **Zwischenberichte** an die Klasse und an die Lehrkraft. Dabei verwenden sie das Poster, das sie zu Beginn erstellt haben, ergänzt durch zusätzliche Notizen aus ihrem Logbuch.

Sie berichten dabei über ihre Erfolge und die Herausforderungen, denen sie begegnet sind. Sie erklären, wo sie Hilfe brauchen und welche Art von Unterstützung sie sich wünschen. Diese Berichterstattung findet in der *Together time* statt. Dabei kann es durchaus sein, dass nur eine Gruppe, die gerade an einem Einzelprojekt arbeitet, der restlichen Klasse berichtet.

Diese Berichte finden auch dann statt, wenn es ein Klassenprojekt gibt, in dessen Rahmen alle aus der Klasse in Gruppen arbeiten (siehe Kapitel 6.2 Klassenprojekte). In beiden Fällen stellen die Zwischenberichte Transparenz her: Die Lernenden erfahren, woran ihre *Peers* gerade arbeiten und wie es ihnen dabei ergeht, und können durch Nachfragen oder Tipps unterstützen. Damit rückt der Prozess in den Vordergrund, denn Ergebnisse gibt es zu diesem Zeitpunkt ja noch nicht. Mit dem Punkt *How?* ist auch eine zeitliche Planung verbunden.

6.1.4 Ergebnis und Präsentation

Auch die abschließende Präsentation findet in der *Together time* statt. Hier folgen die Lernenden wieder dem Aufbau ihres Posters (*Who? What? Why? How?*). Zusätzlich kann die Projektgruppe ihre Erfolge und Herausforderungen (*Successes and Challenges*) auf einem weiteren Plakat darstellen. Das eigentliche Ergebnis oder Produkt (*What?*) wird der Klasse dabei nur kurz vorgestellt. Wenn als Produkt z. B. eine Zeitschrift entstanden ist, zeigen die Verantwortlichen das Heft, lesen eventuell einen kurzen Ausschnitt daraus vor und stellen es anschließend allen Interessierten zum Lesen zur Verfügung. Ebenso wird ein Brettspiel nur kurz präsentiert, ähnlich wie in einem Werbespot. Anschließend können sich einige dafür entscheiden, es auszuprobieren.

Die an dem Projekt beteiligten Kinder oder Jugendlichen reflektieren in dieser Präsentation zusammenfassend ihre Arbeit. Ihre Klasse erfährt, wie es zu den Erfolgen kam und wie Schwierigkeiten überwunden wurden.

Herkömmlicherweise werden die Ergebnisse von Projekten, also die Produkte, der ganzen Klasse ausführlich präsentiert. Hier wird hingegen der Weg oder Prozess, den das Projekt genommen hat, in den Vordergrund gestellt. Alle sollen von den Erfolgen und Herausforderungen erfahren, weil diese auch auf andere Schülerinnen und Schüler übertragbar sein können.

6.2 Klassenprojekte

Ein Klassenprojekt kann die Erarbeitung oder Inszenierung eines Theaterstücks oder die Erarbeitung eines gemeinsamen Themas sein, z. B. Informationen über Umwelt- oder Hilfsorganisationen zu sammeln, für die sich die Klasse engagieren möchte. Es kann bei einem Klassenprojekt auch um eine gemeinsame oder um verschiedene Lektüren gehen.

Ein Klassenprojekt findet arbeitsteilig statt, mit der Bildung kleinerer Gruppen, die sich auf bestimmte Unterthemen, Bereiche oder Aufgaben spezialisieren. Umso wichtiger ist es dann, dass die ganze Klasse mittels der Zwischenberichte von den Fortschritten und möglicherweise auch Schwierigkeiten ihrer Mitschüler erfährt. Erfolge können anspornen, bei Hindernissen kann die „Schwarmintelligenz“ der Klasse genutzt werden, um Lösungen zu finden.

Bei einem Theaterstück als Klassenprojekt wirken alle Schülerinnen und Schüler mit: beim Entwickeln der Geschichte, Festlegen der Rollen und beim Schreiben des Textes. Für die Umsetzung entscheiden sie, wer als Schauspieler, Bühnenbauerin, Souffleur, in der Technik mit Licht und Ton, als Gestalterin von

Programmen etc. mitwirkt. Bekannte Geschichten oder Märchen eignen sich für solche Theaterprojekte besonders gut.

6.2.1 Ein Märchen als Theaterstück aufführen

Die Märchen von Hans Christian Andersen sind für junge Lernende sehr nützlich: Seine Märchen bieten Stoff für viele „Szenen“ und Rollen (wenn es an Rollen fehlt, kann es vielleicht zwei Prinzessinnen, zwei Prinzen etc. geben). Das folgende Beispiel (das Andersen-Märchen „Was Vater tut, ist immer richtig“ [*Dad's always right*]) wurde in einer Klasse von 11-Jährigen im zweiten Jahr des Englischunterrichts an einer dänischen Gesamtschule durchgeführt.

Vorbereitung
Die Lehrkraft stellt die Idee vor, mit der ganzen Klasse ein Theaterstück zu erarbeiten. Auf diese Weise könnte man ein Gemeinschaftsprojekt verfolgen, neue Erfahrungen machen und hätte Gelegenheit für viele sprachliche Aktivitäten. Es ist gut, die Lernenden in die Überlegungen einzubeziehen. *Do you think that's a good idea? Yes, why?* Die Lernenden können auch bei der Suche nach einem geeigneten Märchen mitmachen. Auf jeden Fall sucht die Lehrkraft mindestens zwei Märchen aus, die sie aus folgenden Gründen für geeignet hält:

- Die Geschichten sind den Lernenden bekannt,
- sie können leicht in Szenen unterteilt werden,
- es sind viele Rollen enthalten (oder Rollen können doppelt besetzt werden)
- und sie sind in gedruckter Form in einer für die betreffende Altersgruppe lesbaren Version erhältlich, entweder in der Muttersprache oder Zielsprache.

Die Lernenden entscheiden sich für ein Märchen, das in der ganzen Klasse, in Gruppen oder einzeln in der Muttersprache oder Zielsprache gelesen wird.

Durchführung
Teacher time (1): Die Lernenden arbeiten in Gruppen und unterteilen die Geschichte in Szenen, geben den Szenen Namen und benennen die Figuren in jeder Szene.
Die Lehrkraft sammelt die Ergebnisse der Gruppen auf zwei Plakaten: Szenen im Theaterstück und Figuren im Theaterstück.
Es werden nun Gruppen gebildet, je nachdem mit welcher Szene sie arbeiten möchten. Kriterien: Es muss jemanden geben, der gut schreiben kann (die Sekretärin bzw. der Sekretär).

Students' time (1): Die Gruppen schreiben nun ihre Szenen, sie versuchen diese möglichst detailreich auszuschmücken und können eigene Ideen hinzufügen.

Teacher time (2): Die Texte für die verschiedenen Szenen werden eingesammelt und in einem Manuskript zusammengefasst. Das Plakat mit den Rollen wird noch

einmal angeschaut: *Have we got enough characters for the whole class? Can we think of more/other duties that can/should be given to students?*
Die Schülerinnen und Schüler wählen zwischen den verschiedenen Rollen/Aufgaben und die Klasse wird wieder in Gruppen für jede Szene aufgeteilt.

Students' time (2): In dieser Phase sind die Aufgaben: den Text überarbeiten, Regieanweisungen einfügen, eventuell weitere Rollen hinzufügen, Entwürfe für Bühnenbild und Kostüme gestalten.

Together time: Noch einmal werden die verschiedenen Gruppenarbeiten in einer neuen Manuskriptfassung zusammengefasst. Zeichnungen von vorgeschlagenen Kulissen werden an die Wand gehängt, damit die Klasse darüber abstimmen kann. Die Rollen/Aufgaben werden verteilt.
Die Umsetzung kann beginnen: Zu den Aufgaben gehört z. B. die Vorbereitung eines Programms für die Aufführung des Stücks.

Schließlich wird das Ergebnis für Parallelklassen und/oder die Eltern aufgeführt.

Evaluation (*Together time*): *Successes? What did you learn? Things to be improved if we are going to do it again?*

6.2.2 *England and the English*

Innerhalb eines gemeinsamen Klassenprojekts können mehrere Einzelprojekte entstehen. Im Folgenden wird ein Beispiel aus einer 9. Klasse dargestellt[8]:

Vorbereitung
Teacher time (1): Die Schülerinnen und Schüler einer 9. Klasse überlegen gemeinsam mit ihrer Lehrkraft, wie das Lehrplanthema *England and the English* untersucht werden könnte. Die Jugendlichen finden sich zu Gruppen zusammen, einige haben sich bereits für ein Thema entschieden, andere sind noch unschlüssig.

Durchführung
Students' time (1): Die Gruppen, die sich bereits für ein Projekt entschieden haben, beginnen daran zu arbeiten. Die Leitfragen für diese Arbeit lauten *What?* und *How?* Ziel ist es also, das Thema zu präzisieren und die nächsten Schritte zu benennen. Andere Gruppen entwickeln noch Ideen für das Thema, an dem sie arbeiten wollen. Die Jugendlichen erarbeiten selbst die Aspekte und Fragen, mit denen sie sich innerhalb des vorgegebenen Lehrplanthemas *England and the English* befassen wollen. Sie einigen sich in ihren Gruppen auf folgende Themen:

8 Eine Dokumentation der Unterrichtseinheiten im Rahmen dieses Projekts wurde unter dem Titel ***„It's Up To You If You Want to Learn"*** erstellt. Online verfügbar bei Youtube unter dem Titel *„Language Learner Autonomy – In Action!"*.

- *Youngsters in England*
- *Sports*
- *The Poor/Homeless*
- *English families*
- *Fashion*

In Gruppen von bis zu vier Personen beraten sie als nächstes über ihre Vorgehensweise, wer wo welche Informationen beschaffen wird. Die Schülerinnen und Schüler schreiben auf Postern auf, wer in ihrer Gruppe ist (*Who?*), was genau ihr Thema ist (*What?*) und wie sie daran arbeiten wollen *(How?)*.

Together time (1): Die Gruppen, die bereits ein Poster erstellt haben, stellen dieses vor. Andere beschreiben ihre Hürden und Erfolge (*Successes and Challenges*).

Teacher time (2): Die Lehrkraft klärt kurz, wer woran arbeitet und welche Gruppen sie besuchen wird, um zu hören, wie es ihnen geht.

Students' time (2): Die Gruppen arbeiten selbstständig weiter an ihren Projekten, die Lehrkraft besucht Gruppen und fragt, was sie gerade tun, als nächstes tun wollen, noch brauchen.
Diese Sequenz wiederholt sich, bis eine Gruppe in der *Together time* das Ergebnis/Produkt ihrer Arbeit und den Weg dorthin vorstellen kann. Nicht alle Gruppen tun dies gleichzeitig.

Together time (2): Wenn Gruppen so weit sind, dass sie einen Zwischenbericht oder das Ergebnis/Produkt ihres Projekts vorstellen können, tun sie dies in der *Together time*.

6.2.3 Leseprojekt zu einem interaktiven Jugendroman

Lektüren eignen sich in besonderer Weise für Klassenprojekte, stehen dabei doch mit dem Buch oder den Büchern die notwendigen Ressourcen allen zur Verfügung. Gleichzeitig bietet sich eine Vielzahl von Arbeitsformen und Projektideen an, die es den Lernenden ermöglichen, ihren Interessen und Neigungen zu folgen und dabei mit anderen zusammenzuarbeiten.

Drei Grundformate bieten sich als Leseprojekte an:

- Es werden viele verschiedene Titel gelesen, Schülerinnen und Schüler lesen allein oder zu zweit einen Titel. Hier braucht es möglicherweise ein übergeordnetes Thema oder ein bestimmtes Aufgabenformat als Klammer.
- Es steht eine kleine Anzahl von Titeln zur Auswahl, die unterschiedliche Schwierigkeitsgrade bieten oder unterschiedliche Aspekte eines übergeordneten Themas abdecken.

- Alle lesen das gleiche Buch, entscheiden sich aber für unterschiedliche Arbeitsschwerpunkte, die in Gruppen bearbeitet werden.

Im Folgenden wird ein Beispiel für ein Klassenleseprojekt beschrieben: Eine gemeinsame Lektüre und unterschiedliche Arbeitsschwerpunkte werden dabei in Gruppen sowie einzeln bearbeitet.

Vorbereitung
Die Lehrkraft stellt einer Klasse mit der Jahrgangsmischung 9/10 zwei unterschiedliche Werke amerikanischer Jugendliteratur vor. In einer Abstimmung einigen sich die Schülerinnen und Schüler auf Matt Doeden (2016): *Can You Survive a Global Blackout? An Interactive Doomsday Adventure. North Mankato/MN: Gapstone Press.* Das zweite Buch können sich Interessierte für die freie Lektüre ausleihen.
Zur Einstimmung führt die Lehrkraft in der *Teacher time* eine gemeinsame Aktivität durch:
- *What things give you energy? Think! – Pair! – Share!*
- *Group discussions: Which of these things are most important? (Put results on a poster)*

Durchführung
Die Lehrkraft sammelt Ideen für kurze Projekte rund um das Thema Energie. Sie schlägt selbst einige vor und sammelt weitere Ideen der Klasse:
- *How often/when do we use electricity?*
- *History of mass blackouts?*
- *How much energy do we use for light, heating, food, travel, communication etc.?*
- *What is electricity and how is it generated?*
- *What does Doomsday mean?*
- *How much electricity/energy do different countries/regions use?*
- *How can we save electricity in our daily lives?*

Nun entscheiden sich die Lernenden, wer mit wem an welchem Thema arbeiten will. Einige Themen werden noch in den Gruppen präzisiert. Als Ergebnis entstehen Poster und kurze Präsentationen.
Es folgt das Lesen des Buches, begleitet von weiteren Aktivitäten, die die Jugendlichen aus einer Übersicht (siehe nächste Seite) auswählen.

Ergebnis
In der *Together time* stellen einzelne Schülerinnen und Schüler sowie Gruppen immer wieder den Verlauf ihres Projekts vor und geben Einblick in Erfolge und Herausforderungen. Wer fertig ist, stellt sein Ergebnis oder Produkt kurz vor. Eine Galerie und einige Videos entstehen und sind für alle Interessierten einsehbar.

Tasks to choose from while and after reading

MUST

- ☐ *Record what happened to you in a timeline, on a map or in the form of a diary.*
- ☐ *Write a book review including your evaluation.*

CHOICE

- ☐ *Write your story from the perspective of a different character from the book.*
- ☐ *Write an essay on Making choices in difficult situations.*
- ☐ *Write a prequel to the story.*
- ☐ *Do additional research based on the sources mentioned in the book.*
- ☐ *Write a report using this information.*
- ☐ *Create a map or story tree of all the different choices and possible endings in this story.*
- ☐ *Write a new blackout story, perhaps taking place in your home town.*
- ☐ *Create a new book cover for the book or create a movie poster.*
- ☐ *Create a video to tell the story you have chosen, using simple animation, stop motion, cartoons or any other techniques.*
- ☐ *Create a playlist for a global blackout movie.*
- ☐ *Create a global blackout comic strip.*
- ☐ *Write your own ending to the story.*

6.2.4 Kreative Schreibprojekte

Kreative Schreibprojekte eignen sich sowohl als Einzel- wie als Klassenprojekte. Sie können mit dem Lesen von Gedichten beginnen und im Schreiben eigener Poesie fortgesetzt werden[9]. Die Lernenden überlegen und entscheiden selbst, was mit ihren Gedichten geschehen soll: Sie können sie anderen Klassen oder bei Elternabenden vorlesen, eine Ausstellung gestalten oder sie als Buch veröffentlichen und vielleicht sogar verkaufen.

9 Vgl. das Klassenprojekt zu Gedichten, das Hanne Thomsen beschreibt: „*Scaffolding target language use*", in D. Little, J. Ridley und E. Ushioda (2003): *Learner autonomy in the Foreign Language Classroom: teacher, curriculum and assessment.* Dublin: Authentik, S. 29–46.

7 Außerschulisches Lernen

Zwei Faktoren sprechen dafür, das **außerschulische Lernen** in den Fokus zu rücken, und machen es zu einem wesentlichen Bestandteil des Autonomen Sprachenlernens: Zum einen benötigt nachhaltiges Lernen einer Sprache mehr Kontakt und Umgang, als es der enge zeitliche Rahmen des Stundenplans zulässt.

Der zweite Grund ist die Allgegenwärtigkeit zumindest der englischen Sprache: Die Lernenden kommen in ihrer häuslichen Umgebung, in der Freizeit und im städtischen Umfeld häufig mit dieser Sprache in Berührung, und zwar schon bevor es gilt, sie gezielt zu „lernen“: durch T-Shirt-Aufdrucke, Slogans, Werbung, Produktnamen.[10] Diese Begegnungen setzen sich im Verlauf der Schulzeit fort, häufig verstärken sie sich durch Computerspiele, Videos und Serien und *Social-Media*-Plattformen.

Wie aber ein außerschulisches Lernen aussehen kann, das von den Interessen und der Motivationslage der Lernenden ausgeht und von ihnen selbst gesteuert wird, das wird in diesem Kapitel vorgestellt. Der Bereich, der landläufig mit dem Begriff „Hausaufgaben“ umschrieben wird, bekommt hier eine ganz andere Konnotation.

7.1 Neukonzeption von Hausaufgaben

Im traditionellen schulischen Unterricht bestehen Hausaufgaben oft darin,
- Dinge zu Hause zu erledigen, die man im Unterricht nicht geschafft hat,
- Arbeitsblätter oder Übungsaufgaben zu bearbeiten, um z. B. Grammatikregeln oder Vokabeln zu üben,
- Stoff für mündliche Abfragen und Tests zu wiederholen.

10 Für Fremdsprachen wie Französisch, Spanisch, Italienisch etc. gilt dies allerdings in geringerem Maß. Doch kann auch bei diesen Sprachen ein erster Kontakt unbewusst und z. B. über Essen und Lebensmittel stattfinden, denn auch diese Sprachen sind in unserem Alltag vorhanden. Digitale Medien ermöglichen zudem einen leichten Zugang zu fremdsprachlichen Welten.

Diese Arten von Hausaufgaben werden von der Lehrkraft festgelegt, im Wesentlichen für die Lehrkraft erledigt und von der Lehrkraft korrigiert. Die Lernenden sind in den meisten Fällen nicht an den Hausaufgaben interessiert, und es ist zu bezweifeln, dass sie dabei viel gelernt haben. Kurz gesagt, vielleicht Zeitverschwendung?

Ziel eines außerschulischen Arbeitens im Rahmen der Lernerautonomie soll es sein, den Lernprozess möglichst übergangslos jenseits des Klassenzimmers fortzusetzen, sodass eine kontinuierliche Verbindung mit der Zielsprache entsteht und gestärkt wird. Außerdem gilt es, die sprachlichen Quellen zu nutzen, die sich in der Umgebung der Schülerinnen und Schüler befinden, und sie mit den Lernprozessen in der Schule zu verknüpfen.

In der Lernerautonomie sind Hausaufgaben jede Art von **gezielter Beschäftigung** mit der Zielsprache außerhalb des Klassenzimmers.

In einer autonomen Lernumgebung werden Hausaufgaben sowohl als Möglichkeit gesehen, die Lernenden beim echten Sprachenlernen **außerhalb der Schule** zu unterstützen, aber auch als eine Möglichkeit, sie auf das weitere Lernen und Arbeiten **in der Schule** vorzubereiten. Hausaufgaben werden als Teil des persönlichen Sprachlernprozesses des einzelnen Lernenden gesehen und können allein oder in Zusammenarbeit mit Gleichaltrigen stattfinden.

Die Lehrkraft nimmt hier wieder eine beratende Rolle ein und bezieht die Lernenden aktiv in die Gestaltung und Auswahl dieser Aktivitäten ein. So kann sie eine Liste mit *Things to do at home* erstellen, ähnlich der Liste mit *Things to do in class* (vgl. Kapitel 3.4 Poster). Die Ideen für Hausaufgaben variieren je nach Alter der Lerngruppe und je nachdem, ob es sich um Anfänger oder Fortgeschrittene handelt. Eine Aktivität für Anfänger kann z. B. darin bestehen, etwas Englisches in die Schule mitzubringen: *Bring something English to school to show to your friends.*

Im Folgenden sind Kriterien für Hausaufgaben aufgelistet, die verdeutlichen, welche Qualität sie haben sollten:
- Sie sind eine Fortführung oder Weiterentwicklung der Arbeit, die im Unterricht stattfindet.
- Sie können von den Lernenden in der Schule verwendet werden.
- Es handelt sich um „offene" Aufgaben (*Umbrella tasks*), d. h.: Jede bzw. jeder Lernende kann sie erledigen.
- Die Schülerinnen und Schüler wählen sie jeweils aus einer Liste von Möglichkeiten aus, die sie zusammen mit ihrer Lehrkraft erstellt haben, unter Berücksichtigung der Anforderungen des Lehrplans.

Ideen für Hausaufgaben auf Anfängerniveau könnten sein:

- *Make word cards.*
- *Make a game of dominoes.*
- *Find a picture to be used for "Picture and words".*
- *Make a list of words for "Picture and words".*
- *Find a picture and prepare questions to ask a partner.*
- *Find a picture for a "Picture and text" in class.*
- *Make a list of "Things in my room"/"Things I see on my way from school".*
- *Speak English with my mother, father or siblings.*

Ideen für Hausaufgaben in den höheren Jahrgängen oder für Fortgeschrittene könnten sein:

- *Continue writing my story.*
- *Find more ideas for our play.*
- *Read a text and prepare discussion points for my partner/my group.*
- *Find texts or materials for my/our project at school.*
- *Write a story to read aloud to the class during Together time.*

In vielen Fällen handelt es sich bei diesen Hausaufgaben um eine Fortsetzung der in der Schule begonnenen Arbeit oder um eine Vorbereitung für Tätigkeiten, die anschließend in der Schule stattfinden werden. Sie unterscheiden sich jedoch in einem wesentlichen Punkt von den oben erwähnten Hausaufgaben im traditionellen Klassenzimmer: Die Aufgaben werden von den Lernenden selbst ausgewählt. Die Schülerinnen und Schüler sind somit motiviert, sie zu erledigen; eine Voraussetzung für echtes Lernen!

In den Klassen von Leni Dam erstellten die Lehrerin und die Lernenden zudem eine Liste mit *Musts for homework*. Denn während die Lernenden die Wahl hatten, **was** sie tun wollten, war von ihrer Lehrerin vorgegeben, **dass** sie **etwas** tun **mussten**. Die gemeinsam erarbeiteten Vorgaben sahen folgendermaßen aus:

Musts for homework

- *You have to do something.*
- *It must be so easy that you can do it without the help of your parents.*
- *It should be so interesting that you can't help doing it.*
- *You have to learn something from doing it.*
- *You must read in your extra reader* [Zusatzlektüre] *till you have come across at least 5 new words. (Teacher's demand)*

Die Lernenden tragen zum Ende der Schülerzeit jeweils in ihren Logbüchern ein, was sie nach dem Unterricht außerhalb der Schule erarbeiten/erledigen wollen: *Homework*. Damit erhält auch die Lehrkraft Einblick in das, was die Lernenden sich vornehmen.

Auf die naheliegende Frage, was geschieht, wenn die Kinder oder Jugendlichen außerhalb der Schule nicht gearbeitet haben, wird im folgenden Abschnitt eingegangen.

7.1.1 *Sharing homework* – Hausaufgaben teilen

Die außerschulische Arbeit spielt noch eine weitere wichtige Rolle im Unterrichtsgeschehen: Zu Beginn der *Students' time* tauschen sich jeweils zwei oder mehrere Lernende darüber aus. Sie zeigen einander, was sie seit der letzten Stunde erarbeitet haben, lesen sich gegenseitig etwas vor, stellen einander eventuell Fragen zu dem Erarbeiteten. Dieses Teilen oder *Sharing homework* hat mehrere wichtige Funktionen:

- Was erarbeitet wurde, wird durch das Zeigen und Vorlesen ein weiteres Mal aktiviert.
- Die Schülerinnen und Schüler können dabei füreinander sprachliche Vorbilder sein.
- Sie erfahren von ihren *Peers* Zustimmung und Anerkennung für geleistete Arbeit.
- Sie erfahren, wie und was andere aus ihrer *Peergroup* interessiert, was diese tun.
- Sie erleben, wie andere ihre Arbeit erledigen.

Anschließend halten alle im Logbuch fest, was sie bei der Partnerin bzw. dem Partner gesehen haben. Die beiden folgenden Beispiele stammen aus einer 7. Klasse (unbearbeitet):

Julie: *Share homework with Katja: Katja has made a little bit on her play. It's a very good storyline because it is a scary story and very exciting. I'm looking forward to hearing the next part.*

Anette: *Share homework with Louise A. Louise has made a very nice and colourful June page, but there isn't so much text. She has also read in her book. She was very good at reading aloud and translation. But I think it's too easy for her, because she, almost, can't find any new words in it and she had no problems by reading it.*

Da die zu Hause erledigten Arbeiten Teil des Lernprozesses jeder Schülerin und jedes Schülers innerhalb der autonomen Lernumgebung sind, ist es nicht Aufgabe der Lehrkraft zu kontrollieren, ob sie erledigt wurden oder nicht. Stattdessen ist das Klassenzimmer so eingerichtet, dass die Lernenden das, was sie außerhalb der Schule erarbeitet haben, in der Klasse mit Lernpartnern teilen.

Wenn entgegen der Übereinkunft außerhalb des Unterrichts nichts erarbeitet wurde, wird das auf natürliche Weise sichtbar: Die Betreffenden können das Ergebnis zu gegebener Zeit nicht in einer Lernpartnerschaft teilen, was sich im Logbuch niederschlägt (Beispiel unbearbeitet):

> *Sharing homework with K.: K. had not done his homework because he had to go to the dentist.*

Wenn jemand wiederholt keine Arbeit mitbringt, die sie/er teilen kann, schlägt sich das unter Umständen bei der Partnerwahl nieder (Beispiel unbearbeitet):

> *I don't want to work with X. He never does his homework, so there is nothing to share!*

Somit findet statt einer Kontrolle durch die Lehrkraft eine natürliche Reaktion des sozialen Umfelds statt, die als Korrektiv viel wirkungsvoller sein kann.

> **Leni Dam:** *It is a world of difference between doing something for the teacher and doing something for yourself and your peers.*

Die Einträge in den Logbüchern der Lernenden zu ihren außerschulischen Aktivitäten sind auch für die Eltern eine große Hilfe. Wenn sich Eltern für die Hausaufgaben ihrer Kinder interessieren, können sie diese leicht verfolgen und sich sogar aktiv daran beteiligen.

7.2 Freies Lesen

Eine ganz wesentliche Aktivität, die sich vor allem außerhalb der Unterrichtszeit abspielt, ist das freie oder „extensive" Lesen.

„Viellesen" gilt als besonders erfolgversprechende Methode im Spracherwerb, weil sich dadurch Kenntnisse über Wortschatz und Sprachstrukturen im jeweiligen Kontext vertiefen, während thematisches und Weltwissen erworben wird (vgl. Thaler, 2008, S. 232). Wenn eine gewisse Lesekompetenz erreicht ist, ist das freie Lesen zudem ein echtes Vergnügen, sehr passend daher auch die Bezeichnungen, die Stephen Krashen dafür geprägt hat: *Reading for pleasure* oder *Free voluntary reading* (vgl. Meier & Janovsky, 2017, S. 41).

7.2.1 Auswahl der Bücher

Damit freies und freiwilliges Lesen stattfinden kann, benötigt man eine größere Auswahl geeigneter Lektüren. „Geeignet" bedeutet hier vor allem entsprechend der Altersgruppe und dem Sprachniveau der Lernenden, dass interessante Themen, eine ansprechende Aufmachung und ein passender Umfang vorliegen.

Selbst innerhalb einer Jahrgangsstufe liegt das sprachliche Niveau oft weit auseinander und es können sich auch die Lesegewohnheiten stark unterscheiden. Somit sollte das Angebot in seiner Bandbreite bereits die schwächsten Lernenden ansprechen, aber auch für die Starken attraktiv sein.

Die Lektüren oder *Readers*, die von vielen Schulbuchverlagen angeboten werden, eignen sich hervorragend für eine Klassenbibliothek. Anstatt den Klassensatz eines Buchtitels anzuschaffen, kann man unterschiedliche Titel besorgen, entsprechend der Schülerzahl. Dann ist bei gleichem finanziellem Aufwand bereits der Grundstock für eine klasseneigene Sammlung gelegt, aus der die Schülerinnen und Schüler wählen können. Manchmal sind in Familien noch solche *Reader* von älteren Geschwistern vorhanden, die der Klasse für ihre kleine Bibliothek gespendet werden können. Und im Internet kann man viele Lektüren als gut erhaltene gebrauchte Exemplare günstig erstehen. Es können in der Klasse auch zunächst Bücherwünsche gesammelt werden, für deren Anschaffung man eine Benefizaktion durchführt.

Idealerweise gibt es in der Schule eine Schulbibliothek, aus der auch englische oder andere fremdsprachige Lektüren ausgeliehen werden können. Der Besuch in der Schulbibliothek kann während des Englischunterrichts von der Fachkraft begleitet werden. Damit lernen die Kinder auch das Konzept der Ausleihe in einer öffentlichen Bibliothek kennen.

Um die Hemmschwelle für Schwächere möglichst gering zu halten, sollten ein paar witzige und ansprechende Bilderbücher, vor allem aber Comics und *Graphic novels* bei der Auswahl sein. Für Fortgeschrittene bzw. Stärkere bieten sich englischsprachige Titel an, die viele bereits als Übersetzung gelesen haben, wie z. B. „Gregs Tagebuch" oder „Harry Potter".

Mit einer einfachen Ausleihliste, in die sich die Schülerinnen und Schüler eintragen, behalten alle den Überblick über entliehene und gelesene Titel.

Abb. 64 **Klassenbibliothek**

Auch wenn das Ziel immer darin besteht, dass die Lernenden Bücher nach ihren Neigungen und Interessen wählen, können ihnen die *Reading levels* bei Bedarf eine grobe Orientierung geben. Das hilft vor allem denen, die sich unter Umständen noch gar nicht an ein Buch herantrauen. Mit den *Levels* können sie sich leichter orientieren.

> **Leni Dam:** *To get weak learners started, I give them a book and tell them that if they find more than five words they don't understand on the first page, then it might be too difficult for them and they can put it back.*

7.2.2 Rahmenbedingungen

Es liegt in der Hand der Lehrkraft, mit einer Klasse zu vereinbaren, welche Bedingungen für das Lesen gelten. Eventuell nehmen sich Einzelne dann freiwillig darüber hinausgehende Aufgaben vor. Doch was auch vereinbart wird, es sollte immer unter dem Vorzeichen stehen, die Lesefreude und Motivation zu fördern und die Lesekompetenz weiterzuentwickeln.

Reading (at home)

Some MUSTS:

- *Choose a book that is not too easy and not too difficult.*
- *Read as often and as much as possible.*
- *When you have finished, write a short evaluation in your logbook.*

Possible EXTRAS:

- *Read and collect new words until you have found five new words. Write them in your logbook or make word cards.*
- *Translate a part of the text into German.*
- *Find an audio recording of the book and listen to it while or after reading.*
- *Read your book (or parts of it) to a partner.*
- *Write a book review for your classmates and put it in the book.*
- *Present the book to a partner or the class during Together time (or create a video about the book).*
- ...

Wer erst einmal die Erfahrung gemacht hat, ein Buch lesen (und weitgehend verstehen) zu können, ist zunehmend bereit, es ein weiteres Mal zu tun. Natürlich kann die Arbeit mit einer Lektüre auch als Projektarbeit innerhalb der Unterrichtszeit stattfinden (mehr zu Leseprojekten in Kapitel 6.2).

7.2.3 Lesezeiten und -orte

Da das Lesen Zeit, Ruhe und oft einen gemütlichen Ort braucht, eignet es sich hervorragend für die außerschulische Arbeit, kann aber durchaus im Rahmen der *Students' time* im Klassenzimmer stattfinden. Deshalb empfiehlt es sich, dass die Lernenden ihre Lektüre immer dabeihaben. Dann können sie in der Klasse Wartezeiten oder Leerlauf am Ende einer Unterrichtseinheit überbrücken. Es ist ohnehin eine gute Angewohnheit, stets etwas zum Lesen bei sich zu haben! Ihre Lektüre können Lernende im Klassenzimmer auch für ihre Wortschatzarbeit nutzen oder eine kurze Buchrezension darüber schreiben.

7.2.4 Leseerfahrungen teilen

Im Rahmen des *Sharing homework* kann natürlich auch über den Lesestoff gesprochen werden. Dazu bietet es sich ebenfalls an, dass die Schülerinnen und Schüler die Lektüre dabeihaben und herzeigen können. Das könnte so aussehen:

> *Share homework with M. He has read a couple of pages in his book and he read aloud to me. It was very well read, he knew all the words.*

Oder sie haben im Logbuch Wortschatz gesammelt oder einen Text geschrieben, z. B. eine Rezension verfasst, die sie teilen können. Auf diese Weise erfahren alle auf eine sehr niederschwellige Art mehr über weitere Buchtitel, die verfügbar sind, sowie über die Leseerfahrungen ihrer Mitschülerinnen und Mitschüler.

8 Evaluation und Bewertung

In diesem Kapitel wird gezeigt, **wie** Evaluation und Bewertung in einem autonomen Klassenzimmer stattfinden können, mit Beispielen für die konkrete Umsetzung. Doch zunächst geht es darum, was mit Evaluation eigentlich gemeint ist und warum sie eine so wichtige Rolle spielt.

8.1 Evaluation

Der Begriff „Evaluation" tritt oft im Kontext von Feedback auf, wenn Prozesse oder Ergebnisse evaluiert werden. Dabei wird durch Evaluation reflektiert, ob die erwartete Wirkungsweise und der erhoffte Erfolg erreicht wurden und welche Schritte sich daraus ergeben. Dies entspricht dem zyklischen Prinzip, dem *Work cycle*, das in Kapitel 2 vorgestellt wurde. Die Evaluation steht an zentraler Stelle im Fortgang der Arbeits- und Lernprozesse.

Evaluation beinhaltet die **Rückschau** durch die Lernenden selbst, sowie durch ihre Mitschüler und die Lehrkraft, und erlaubt ihnen in der **Vorausschau**, die notwendigen individuellen Rückschlüsse für ihren nächsten Planungsschritt zu ziehen: *„Evaluation is the hinge on which learner autonomy turns."* (Little, Dam & Legenhausen, *Language Learner Autonomy*, 2017, S. 95)

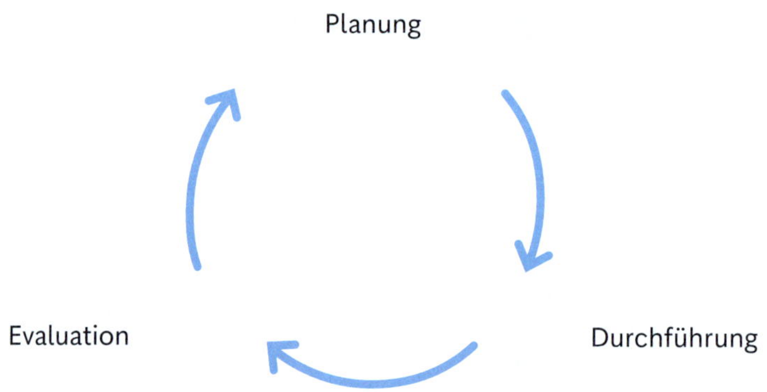

Abb. 65 ***Work cycle***

Während die Schülerinnen und Schüler im Logbuch dokumentieren, **was** sie tun, macht die Selbstevaluation – auch im Logbuch – sichtbar, **mit welchem Erfolg** dies geschehen ist und welche Faktoren dabei eine Rolle gespielt haben. Diese Erkenntnisse können und sollen in den nächsten Planungsschritt einbezogen werden.

> *The function [of evaluation] is, on the one hand, to ensure that work undertaken is discussed and revised, and on the other to establish a basis of experience and awareness that can be used in planning further learning.* (Dam, Learner Autonomy: From Theory to Classroom Practice, 1995, S. 49)

Die Evaluationen sind zudem von großer Wichtigkeit als Quelle, aus der die Lehrkraft Einsicht in die Lernprozesse der Kinder und Jugendlichen gewinnt, damit sie diese dann angemessen unterstützen kann.

Leni Dam: *In my view, the important thing is that the learners share with me their interpretation of the situation. This shared knowledge provides a basis for further co-operation and makes it easier for me to support them in their future work.*

8.1.1 Bereitschaft und Fähigkeit zur Evaluation entwickeln

Damit Lernende sich auf die Evaluation einlassen und die Bereitschaft und Fähigkeit dazu entwickeln, sie mit der Klasse und der Lehrkraft zu teilen, brauchen sie einige Voraussetzungen:

- Selbstvertrauen,
- Vertrauen in die Lehrkraft und die Mitschülerinnen und Mitschüler,

- Fähigkeit zur Selbstreflexion,
- Bereitschaft, eigene Einsichten und Gefühle mit anderen zu teilen,
- Ehrlichkeit,
- Methoden und sprachliche Mittel für Evaluationen.

Auch auf Seiten der Lehrkraft müssen einige Voraussetzungen gegeben sein:
- Fördern einer Arbeitsatmosphäre, in der Schülerinnen und Schüler einander vertrauen und respektieren,
- Respekt gegenüber den Schüler-Evaluationen bzw. Bereitschaft, diese als wahr anzunehmen (wo die Lehrkraft Zweifel hegt oder eine andere Wahrnehmung hatte, z. B. bei einer Formulierung wie „Ich habe viel gearbeitet“, sollte dies Anlass zu einem direkten Gespräch sein: *Fine! What have you done?*),
- Bereitschaft, mit der Klasse in einen Dialog über ihre Evaluationen einzutreten,
- Einplanen von genügend Zeit für die Durchführung der Evaluationen,
- Durchhaltevermögen (an der regelmäßigen Evaluation ein ganzes Schuljahr lang festhalten!).

Wenn diese Voraussetzungen gegeben sind und Evaluation stattfindet, kann auch bei den Lernenden ein Erkenntnisprozess einsetzen, der ihre Bereitschaft zur Evaluation weiter erhöht. Denn wenn sie erkennen, dass ihre Evaluationen etwas bewirken, stärkt das wiederum ihre Bereitschaft, weiter zu evaluieren: Wenn sie aus dem Feedback der Lehrkraft herauslesen, dass ihre Evaluationen ernst genommen werden, oder wenn die Lehrkraft das Unterrichtsgeschehen in Folge von Evaluationen an die Bedürfnisse der Lernenden anpasst. So wächst mit der Praxis des Evaluierens bei den Schülerinnen und Schülern ihr Empfinden von Selbstwirksamkeit. Kurz gesagt, je mehr Erfahrung sie mit Evaluationen haben, desto besser lassen sie sich darauf ein.

8.1.2 Evaluationsbereiche

Evaluation deckt **alle Bereiche des Lernprozesses** ab:
- die eigene Arbeit: Aktivitäten, Ergebnisse, Erreichen der Ziele,
- das eigene Befinden: Tagesform, Stimmung,
- die Rolle der Mitschülerinnen und Mitschüler,
- die Rolle der Lehrkraft,
- vorhandene und/oder verwendete Materialien,
- Organisation der Arbeit: Zeitmanagement, Arbeitsplatz, Herangehensweise,
- soziale Aspekte: Partnerwahl, Dynamik und Arbeitsteilung bei Gruppenarbeit, Lernatmosphäre.

Damit die Lernenden alle diese Bereiche evaluieren **können**, brauchen sie die Anleitung durch die Lehrkraft. Schrittweise werden sie von der Lehrkraft dabei unterstützt, diese verschiedenen Aspekte des Lernprozesses unter die Lupe zu nehmen.

Am besten gelingt dies, indem sie konkrete Fragen stellt, die sich auf einzelne Aspekte beziehen, z. B.:

- *Were you satisfied with your own work today? Why or why not?*
- *Did you like the activity? Why or why not?*
- *Did your partner / your peers help you today? If yes, how?*
- *Did you get enough help from me (the teacher)? Why or why not?*
- *What kind of materials did you work with today? Were they OK? Why or why not?*
- *Did you work well in your group? Why or why not?*
- *How was your work today? Why?*
- *How was my (the teacher's) help today? Why?*
- *How did you manage your work with the group? Why?*
- *Were you satisfied with the lesson today? Why or why not?*

All diese Fragen beziehen sich auf einzelne Bereiche des Lernprozesses, auf das eigene Tun der Schülerinnen und Schüler, auf die Hilfestellung durch die Lehrkraft, die Zusammenarbeit untereinander, die Zufriedenheit der Lernenden etc. Die Kinder und Jugendlichen beantworten die Fragen und geben Gründe für ihre Einschätzung. Wenn sie die verschiedenen Aspekte schon einmal evaluiert haben, können sie selbst entscheiden, was genau sie evaluieren wollen, was ihnen am jeweiligen Tag besonders wichtig erscheint. Dazu ist es wiederum sinnvoll, die Fragen nach und nach auf einem Poster zu sammeln.

Die oben vorgeschlagenen Fragen beziehen sich auf den Rückblick. Es ist aber wichtig, sich daran zu erinnern, dass der Grund für die Evaluierung nur zum Teil in der Rückschau, sondern auch in der Vorausschau, also in der weiteren Planung, liegt. Es liegt in der Verantwortung der Lehrkraft, dafür zu sorgen, dass die Lerngruppe mit den verschiedenen Aspekten vertraut gemacht wird, die für eine Bewertung in Frage kommen. Ebenso liegt es in der Verantwortung der Lehrkraft, dafür zu sorgen, dass die Bewertungen aus Schülersicht auch genutzt, d. h., bei der weiteren Planung berücksichtigt werden. Wenn z. B. die Unterstützung durch die Lehrkraft evaluiert wurde, kann die Lehrkraft anschließend nachfragen, welche Art von Hilfe von ihrer Seite gebraucht oder gewünscht würde und mit den Schülerinnen und Schülern überlegen, ob und wie sich das künftig umsetzen ließe.

Bei den Lernenden können ihre Evaluationen ihren nächsten Schritt beeinflussen, z. B. wenn es um die Auswahl einer neuen Aktivität geht. Wenn jemand eine Aktivität nicht mag, wird sie/er sich voraussichtlich nicht noch einmal dafür entscheiden. Wenn eine Gruppe nicht gut zusammenarbeiten konnte, werden womöglich beim nächsten Projekt andere Partner gewählt.

8.1.3 Evaluation in der Praxis

Das Evaluieren beginnt stets im Logbuch, damit jede Schülerin bzw. jeder Schüler erst einmal selbst Gedanken über die eigene Arbeit formuliert (siehe Kapitel 4.2.5 Dokumentation und Evaluation der Arbeit im Logbuch). Wie bereits erwähnt, besteht der wichtigste Aspekt bei der Evaluation darin, die Lernenden für ihr Lernen zu sensibilisieren und sie zum Nachdenken/Reflektieren anzuregen. Daher ist es sehr wichtig, Evaluationsformate zu finden, die von allen Lernenden (Anfängern und Fortgeschrittenen) verwendet werden können und die für ihre Zwecke leicht zu handhaben sind: als Sensibilisierung für die geleistete Arbeit und als Instrument für die weitere Planung.

Mit steigendem Alter und mit wachsender sprachlicher Kompetenz nimmt der Anteil und die Tiefe der Reflexion zu. In der Regel wird diese zunehmende Qualität und Tiefe der Evaluation durch die Frage *Why?* oder andere offene Fragen erreicht, die den individuellen Arbeits- und Lernprozess in seiner Vielschichtigkeit sichtbar machen.
Die folgenden Vorschläge und Beispiele veranschaulichen diesen Prozess des schrittweisen Aufbaus von Kompetenz in der Evaluation:

1. **Für Anfänger:**
   Smileys
   ☺ ☺ ☺ *(because …)*

2. **Für alle Lernniveaus:**
   Skala von 0 bis 10 / *Graded lines*
   (0---------------|-----10) (because …)

   Beispiel:
   Evaluation of the day:
   0----------------|-----10, because I've learned many new words.

3. **Für Fortgeschrittene:**
   Schriftliche Evaluation mit ausführlicher Begründung

   Beispiel:
   Evaluation of today:
   Anette and I have had a very long discussion about our song we were going to analyse. It was a positive discussion and that means that we told each other what our opinions were and we used a lot of good expressions during the conversation. (8. Klasse, unbearbeitetes Zitat)

Um diesen Entwicklungsprozess zu unterstützen, können Sätze und Wendungen für die Selbstevaluationen auf Postern gesammelt werden. Damit stehen sie allen in der Klasse zur Verfügung, um ihre Selbsteinschätzungen zu begründen. Die Evaluation ist authentische Sprachproduktion, bei der die Schülerinnen und Schüler auf die sprachlichen Mittel zurückgreifen, die ihnen bereits zur Verfügung stehen. Gleichzeitig erweitern sie ihren Wortschatz um Wendungen, die sie von ihren Mitschülern übernehmen können oder auf Nachfrage von ihrer Lehrkraft erhalten.

Evaluation muss ständig stattfinden, damit sie ihre Wirkung entfalten kann. Erst wenn sie regelmäßig evaluieren, erlernen die Kinder und Jugendlichen diese Art, über ihre Arbeit nachzudenken, und die Sprache, die sie brauchen, um ihre Sichtweise auszudrücken. Mit der Zeit entwickeln die Lernenden eine eigene evaluierende Haltung gegenüber ihrer Arbeit.

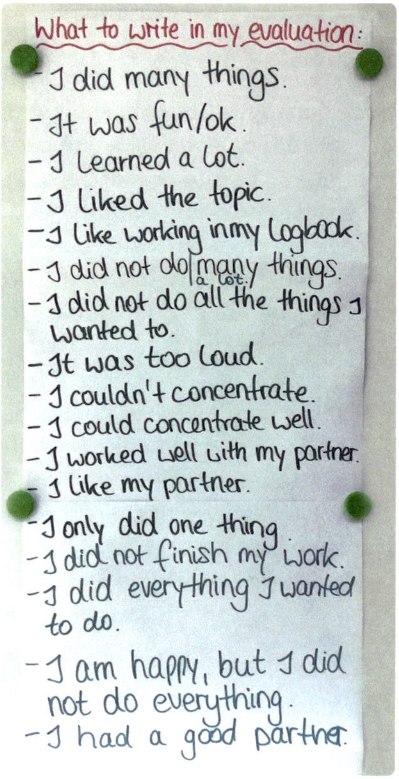

Abb. 66 Poster *What to write in my evaluation*

Normalerweise findet Evaluation **am Ende jeder *Students' time*** statt. Dafür muss die Lehrkraft Zeit einkalkulieren. Anfangs wird sie allen aus der Lerngruppe gleich viel Zeit geben, um ihre vorangegangene Arbeit zu evaluieren. Anschließend kann sie fragen: *How much time did you spend on your evaluation? Did you have enough time? Why or why not?* So wird bei den Lernenden das Bewusstsein für die eigenen zeitlichen Bedürfnisse geschärft. Mit dieser Erfahrung können sie später selbst die Zeit einteilen, die sie am Ende der Arbeitsphase für die Evaluation brauchen.

Allerdings finden Evaluationen auch bereits während der *Teacher time* statt und zwar immer dann, **wenn eine neue Aktivität eingeführt wird**, wie die mündlichen und schriftlichen Aktivitäten in Kapitel 5. Dann wird zum Abschluss einer neuen Arbeitsform innerhalb der gebundenen Phase (*Teacher time*) zunächst gemeinsam evaluiert, von der Lehrkraft angeleitet. Die Frage dazu könnte lauten: *Did you like this activity? Why or why not?*

Smileys oder eine Skala von 0 bis 10 helfen beim Anzeigen der Bewertung; die Begründungen können Anfänger mündlich geben, eventuell in der Muttersprache.

Die Lehrkraft gewinnt dabei auch Einsicht darin, wie verschiedene Arbeitsformen von den einzelnen Lernenden angenommen werden.

Die Lernenden können ihre Evaluationen während der Schülerzeit miteinander austauschen. Das macht vor allem bei Partner- und Gruppenarbeiten Sinn, wenn die jeweils anderen an der gleichen Aktivität beteiligt waren. Wenn es wichtig erscheint, die Evaluationen zusätzlich mit der ganzen Klasse zu teilen, kann dies in der *Together time* geschehen. So kann die Lerngruppe Einsicht in die Arbeitsatmosphäre des Tages gewinnen oder die Erfahrungen Einzelner oder von Gruppen bei ihrer Arbeit kennenlernen. Sie erfahren dabei etwas über ihre Mitschülerinnen und Mitschüler, sie können daraus aber auch Schlüsse für sich selbst ziehen.

Wieder sollten die Sichtweisen der Lernenden und der Lehrkraft als Kriterien gesammelt werden, z. B. um die Gruppenarbeit zu evaluieren. Im Logbuch schreibt jeder zuerst individuell auf, was persönlich wichtig erscheint, z. B. über gute Gruppenarbeit. Die folgenden vier Beispiele stammen aus einer 8. Klasse und sind unbearbeitet.

Criteria for good groupwork

Karsten (überdurchschnittlicher Schüler)
Good group work.
A: Everybody is doing something, including homework.
B: Everybody should get along with each other.
C: It should be a good project, a good idea.

Emrah (durchschnittlicher Schüler):
A good group work is work everybody take part in, and discuss everything, and they like each other. Everybody has to talk English all the time. Everybody has to do something for the group. When you learn something from the group.

Max (durchschnittlicher Schüler):
Good group work is: That we talk English all the time, and we can work without getting mad at each other. Everybody has to work with something. You have to learn something about it. We have to discuss everything what we are doing.

Susan (schwache Schülerin mit LRS):
I thinke that a good group is when you listen to each other and diskovs the things in the group, and a good group work is when everybody cab work very good toghter and were ther is one in the group ther can help you.

Die Kriterien der Schülerinnen und Schüler werden gesammelt und auf einem Poster für alle sichtbar und übersichtlich zusammengestellt. So kann jeder bei Bedarf darauf zurückgreifen.

Zusätzlich oder alternativ dazu kann man die Skala von 0 bis 10 auch auf die Tafel malen und die Klasse einladen, jeweils für sich mit einem Strich zu markieren, wie sie die vergangene Unterrichtsstunde einschätzt. So entsteht ein sehr klares Stimmungsbild, das für alle sofort sichtbar ist.

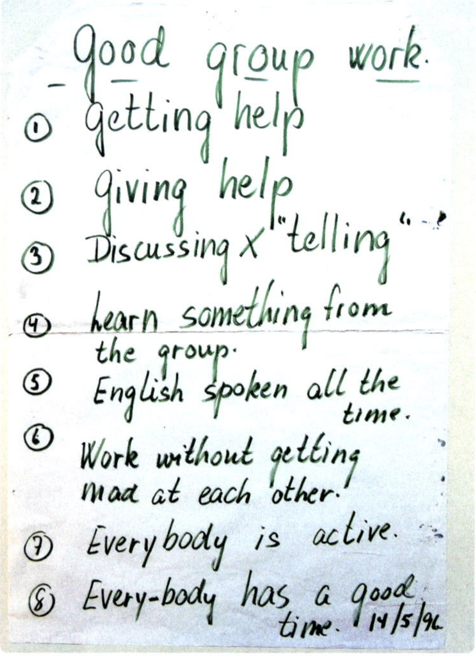

Abb. 67 **Poster *Good group work***

Auch das, was in der *Together time* stattfindet, kann evaluiert werden. Wenn die Lehrkraft z. B. bei Grundschulkindern zum Abschluss eine Geschichte vorliest, schreiben die Kinder den Titel in ihr Logbuch und evaluieren mit einem Smiley, wie ihnen die Geschichte gefallen hat. Bei Älteren finden möglicherweise Präsentationen statt, die von allen aus der Klasse anschließend im Logbuch evaluiert werden (vgl. Kapitel 6.1 Einzelprojekte).

8.1.4 Beispiele für Evaluationen von Unterrichtseinheiten

Planung einer Unterrichtseinheit mit Evaluation in der 4. Klasse

1. Teacher time

Introduce new activity: Picture and text.
Evaluate Picture and text activity (create poster for helpful language).

2. Students' time

Individual and/or group work, followed by evaluation of work undertaken individually by each student.

3. Together time

Play "Simon Says".
Evaluation of the game using smileys and sharing reasons.

Planung einer Unterrichtseinheit mit Evaluation in der Sekundarstufe

1. Teacher time

Organise group work.

2. Students' time

Group work, followed by individual evaluation of work undertaken.

3. Together time

Share individual evaluations of group work or evaluation of lesson – if relevant.

Dokumentation und Evaluation einer Schülerin der 7. Klasse (unbearbeitet)

1. Present the last projects.
A story + tape by: Kasper S and Nicolai. Comments: I think that it was a good, but short story. Because they had a good internation and they were good at acting like other persons.
A magazine by: Simon and Jonas. "The small magazine". Comments: I read a page about some girls from Baywatch, and think it was a borring page because it didn't have any colours and almost no text.

2. Form new groups and find new projects.
I'm going to make a story and record it on tape and I'm going to do it with Louise A. We want to do it because we want to improve our language by speaking, new expression, and writing. It is also a long time ago since Louise A and I have worked together. We need two weeks.

3. Homework: May page, find ideas for a story, read + translating

4. Evaluation of the day: I think it was a good day, because I've got a good partner to work with & we have promised each other that we will work hard. So that's why it was a good day.

Die Sorge vieler Lehrkräfte, dass zu viel Zeit mit Evaluation verbracht wird, zu Lasten der „eigentlichen" Arbeit, ist unbegründet. Zum einen wird die Evaluation nach und nach immer weniger Zeit brauchen, weil sich Routinen entwickeln. Die sprachlichen Mittel, über die die Lernenden mit der Zeit verfügen, erleichtern den Ablauf zunehmend. Damit wächst zugleich ihre sprachliche Kompetenz. Zum anderen ist die Evaluation der zentrale Teil des Arbeitszyklus und des Lernprozesses.

8.1.5 Evaluation des Schuljahres

Beim Autonomen Sprachenlernen wird nicht nur tagesaktuell evaluiert, sondern auch der gesamte Zeitraum eines ganzen Schuljahres. Das ist aus mehreren Gründen sinnvoll: Die Schülerinnen und Schüler erinnern sich – indem sie in ihrem Logbuch zurückblättern – an all die Aktivitäten, Themen und Projekte, die stattgefunden haben, und stellen fest, welche Fortschritte sie in der Fremdsprache sowie in anderen Lernbereichen gemacht haben.

Für die Lehrkraft ist es mehr als ein Rückblick auf das vergangene Schuljahr. Sie gewinnt Einblicke, wie die Lernenden sich selbst und den Unterricht erlebt haben und einschätzen. Außerdem gibt es der Lehrkraft und der Klasse gemeinsam die Möglichkeit, ihre Planungen im folgenden Schuljahr an ihre Einschätzungen, Bedürfnisse und Wünsche anzupassen.

Die Fragestellungen in der Schuljahres-Evaluation sollten die oben genannten Bereiche abdecken. Hier sind einige beispielhafte Formulierungen:

- *What was good? What was bad? (Focus on WHAT)*
- *What do you feel you have learned this year? What have you become better at? (Focus on WHAT)*
- *What was good/bad about the way we worked this year? (Focus on HOW)*
- *Ideas for improvement? (Focus on HOW)*
- *Ideas for next year? (Focus on WHAT and HOW)*

Bei jungen Lernenden ist es wichtig, dass die Fragen mit Sätzen beantwortet werden können, die sie bereits aus ihrer täglichen Evaluation aus dem vergangenen Schuljahr kennen oder benutzt haben, z. B. *I liked making word cards* (als Antwort auf die Frage *What was good?*). Außerdem sollten Anfänger und Schwächere die Evaluation zum Schuljahresende auch in ihrer Muttersprache verfassen können.

Wichtig bei der Formulierung der Fragestellungen ist es, nicht nur Ja/Nein-Fragen zu stellen, sondern offene Fragen zu formulieren, bei denen die Einzelnen ganz genau ihre Wahrnehmung und ihr Verhalten reflektieren müssen.

8.2 Bewertung

Bei der Übernahme der Verantwortung für das eigene Lernen ist es für die Lernenden nicht nur wichtig, ihre Arbeit zu **evaluieren**, wie in Kapitel 8.1 beschrieben. Zusätzlich sollten sie in die Lage versetzt werden, die Entwicklung ihrer sprachlichen Kompetenzen zu **bewerten** und somit ihre Lern- und Kompetenzzuwächse selbst wahrzunehmen. Um Formen einer solchen Bewertung in einem lernerautonomen Klassenzimmer wird es im folgenden Abschnitt gehen.

Im schulischen Kontext ist die Bewertung das, was Lehrkräfte tun, wenn sie z. B. die schriftlichen oder mündlichen Fähigkeiten und/oder Leistungen eines Schülers oder einer Schülerin in der Fremdsprache benoten müssen, in Verbindung mit einem Zeugnis zum Halbjahr oder am Ende des Schuljahres. Eine solche Bewertung durch die Lehrkraft findet auch statt, wenn während des Schuljahres Tests geschrieben oder mündliche Beiträge oder schriftliche Arbeiten bewertet werden.

Im Kontext der Lernerautonomie beinhaltet die **Beurteilung**, im Gegensatz zu der in Kapitel 8.1 beschriebenen **Evaluation**, keinen Rückblick über einen längeren Zeitraum; sie ist eine Beurteilung des aktuellen Ist-Zustands und enthält im Gegensatz zur Evaluation normalerweise auch keine Vorschläge für die zukünftige Arbeit. Wenn es um die Bewertung von Textproduktion geht, kann sie jedoch auch Verbesserungsvorschläge beinhalten (siehe unten).

Ein Grund für Bewertungen liegt darin, dass in den meisten Ländern und Schulen die Vergabe von Noten vorgegeben ist, was natürlich auch autonome Lernumgebungen einschließt. Die Frage, die sich viele Lehrkräfte stellen, die Lernerautonomie in ihrem Unterricht umsetzen wollen, lautet deshalb: Wie ist es möglich, die Arbeitsergebnisse der Schülerinnen und Schüler zu bewerten, wenn alle unterschiedliche Dinge tun und es keine Tests – im Sinne von Klassenarbeiten – gibt, an denen sich die Lernenden und Lehrkräfte orientieren können? Die folgenden Ausführungen zeigen dafür Möglichkeiten auf.

8.2.1 Selbstbewertung

Die wohl wichtigste Unterstützung für die Beurteilung durch die Lehrkräfte sind die Selbsteinschätzungen der Lernenden. Neben der täglichen, kontinuierlichen Selbstevaluation in den Logbüchern (siehe Kapitel 4.2.5 Dokumentation und Evaluation der Arbeit im Logbuch) ist es wichtig, dass sich die Schülerinnen und Schüler daran gewöhnen, sich und ihre Leistungen selbst einzuschätzen. Das kann z. B. im Hinblick auf ihre sprachlichen Fertigkeiten und Arbeitsergebnisse oder auf ihre Kompetenzen (z. B. beim Vorlesen, Präsentieren) geschehen.

Die Voraussetzung dafür ist, dass sich die Kinder und Jugendlichen selbst bereits besser kennen, auch was ihre Stärken und Schwächen betrifft. Diese Erkenntnisse gewinnen sie durch die tägliche und kontinuierliche Evaluation. Damit entsteht mit der Zeit ein immer besseres Bewusstsein für die eigene Arbeit. Auch hier braucht es wieder die Anleitung der Lehrkraft: Beim Erwerb der Kompetenz der Selbstbewertung benötigen die Lernenden ebenso eine Hinführung wie bei der Entwicklung ihrer Fähigkeit, Aktivitäten auszuwählen, Gruppen zu bilden oder sich für Materialien zu entscheiden.

Wenn sich Schüler in den verschiedenen Bereichen des Sprachenlernens (z. B. in ihrer Fähigkeit, in der Zielsprache zu sprechen, zu schreiben oder fremdsprachige Texte zu lesen) selbst einschätzen können, stärkt das ihr Selbstwertgefühl enorm. Erst recht gilt dies, wenn sie von anderen eingeschätzt werden. Darüber hinaus ist die Fähigkeit, sich selbst zu bewerten, entscheidend dafür, dass man Verantwortung für das eigene Lernen übernimmt.

8.2.2 Beispiele für Bewertung

Die folgenden Beispiele für eine Selbstbewertung (alle unbearbeitet) stammen von einer Lerngruppe junger Englischschüler im zweiten Lernjahr (in der Sekundarstufe).

Die Aktivität wurde von der Lehrkraft folgendermaßen angeleitet: Die Schülerinnen und Schüler wurden gebeten, in ihrem Logbuch eine Skala von 0 bis 10 für *Understanding English* einzutragen und dann mit einem Strich auf der Linie zu markieren, wie gut oder schlecht sie ihrer Meinung nach Englisch verstehen.

Abschließend sollten sie in Worten den Grund für diese Einschätzung angeben (das konnten sie auch in ihrer Muttersprache ausdrücken) (vgl. Dam & Legenhausen, 1999). In dem Beispiel werden drei Lernende einbezogen:
- Lerner 1 – ein schwacher Lerner (L1),
- Lerner 2 – ein durchschnittlicher Lerner (L2) und
- Lerner 3 – ein ausgezeichneter Lerner (L3).

Understanding English (Listening)
0-----------------|-----------------|------------|-----10 (10 being the best)
(L1) (L2) (L3)
Because:
L1: I can understand what the teacher is saying when speaking English in class.
L2: I can understand most of what is being said, but not if it is dialect or too fast.
L3: I can understand American films without reading the subtitles.

In gleicher Weise kann gefragt werden, wie Lernende ihre Fähigkeiten in anderen Kompetenzbereichen einschätzen. Die folgenden Beispiele für selbstformulierte Begründungen ihrer Bewertungen stammen von Lernenden verschiedener Jahrgangsstufen:

Reading: *I can read many books without a dictionary.*
Speaking: *I am not good at that because I am not good at pronouncing words.*
Writing: *I think that it is a bit difficult to write some things, for example stories.*

Ähnlich wie bei den Beispielen für die Evaluationen der Lernenden wurden die Antworten auf weitere Fragen auf einem Poster gesammelt, unter der Überschrift: *How do I know if I can understand/read/speak/write English well?* Hier wurden die verschiedenen Antworten aufgelistet, die unterschiedliche Schülerinnen und Schüler zuvor gegeben hatten. Somit stand für alle ein breites Spektrum an Einschätzungen und Formulierungen zur Auswahl, aus dem sie bei Bedarf Wendungen übernehmen konnten.

Wenn die Einsicht der Lernenden in ihre eigenen sprachlichen Fähigkeiten auf diese Weise unterstützt und entwickelt wird, dann ist es ebenso möglich, sie in die Benotung einzubeziehen, auch wenn die Lehrkraft hier natürlich das letzte Wort hat.

Damit die Schülerinnen und Schüler sich selbst Noten geben können, ist es jedoch notwendig, ihnen die offiziellen Richtlinien für die Vergabe dieser Noten zu vermitteln, einschließlich der Kriterien für bestimmte Noten: z. B. muss man für eine Note 2 fließend Englisch sprechen, einen vielfältigen Wortschatz in bestimmten Themenbereichen und eine gute Aussprache haben etc.

In Leni Dams Unterricht bezog diese ihre Lernenden sowohl vor als auch nach der Benotung in den Prozess der Bewertung ein. Vor der Benotung stellte sie den Lernenden die folgende Frage: *Which mark would you give yourself? Why?*

Die Schülerinnen und Schüler schrieben ihre Antworten auf einen Zettel, und die Lehrkraft tat das Gleiche: *I would give you a 7, because ...!*

Die Zettel wurden ausgetauscht und besprochen, und die Lehrerin vergab dann die endgültige Note. Nachdem sie ihre Noten erhalten hatten, wurden die Lernenden gefragt: *Are you satisfied with your mark? Why or why not?* Diese Antworten wurden in das Logbuch eingetragen (siehe unbearbeitete Schülerzitate).

L1 (überdurchschnittlicher Schüler): I've got a 10 [very good] and I am very satisfied with it, but I also think it is a fair grade, because last time I had a 9 [above average], and I have improved since, especially in my articulation, but also in my vocabulary, which now is containing much more grown-up language. So the conclusion must be that it is a good grade.

L2 (unterdurchschnittliche Schülerin): I am satisfied with my marks. Because I am not good at talking. But I think that I am getting Better and I am nor good at spelling, so I am very, very satisfied.

Die Erfahrungen mit Lernerautonomie in der Praxis zeigen, dass der Selbsteinschätzung von Lernenden, die daran gewöhnt sind, sich selbst und ihre Mitschüler zu evaluieren, ohne Zweifel vertraut werden kann. Dies wird auch durch Forschungsergebnisse gestützt (vgl. Dam & Legenhausen, 2010, S. 251).

Die hier aufgeführten Beispiele zeigen außerdem, wie ehrlich und „korrekt" die Schülerinnen und Schüler sich selbst einschätzen: auch die schwache Schülerin (L2), als sie sich selbst kritisch bewertete. Ihr Selbstwertgefühl wurde dabei jedoch nicht geschmälert. Im Gegenteil: Ihr Wille, sich zu verbessern, wurde gestärkt, weil die täglichen Bewertungen ihr bereits ihre Fortschritte zeigten. (Am Ende erhielt sie bei der mündlichen Abschlussprüfung die Bestnote.)

Die Selbstbewertung durch die Lernenden ist auch im Zusammenhang mit Textproduktion gut einsetzbar und sehr nützlich. Alle Lehrkräfte kennen die Probleme, die mit der Rückgabe längerer Texte an die Klasse verbunden sind. Oft schreibt die Lehrkraft einen langen Text über mögliche Verbesserungen, bevor sie mit einer Note abschließt. Aber in den meisten – wenn nicht allen – Fällen sehen die Schülerinnen und Schüler nur die Note und lesen nicht den Text über die Verbesserungsmöglichkeiten. Unsere Erfahrung aus der Selbstbewertung zeigt, dass die Lernenden, die aufgefordert werden, sich selbst zu benoten und die Benotung bei der Abgabe des Aufsatzes zu begründen, ein stärkeres Bewusstsein dafür entwickeln, wie sie sich selbst beim Schreiben von Texten verbessern können.

Für das Zustandekommen offizieller Noten gibt es natürlich eigene Richtlinien. Davon abgesehen sind auch für die Selbstbeurteilung einer Arbeit oder einer Leistung Leitlinien erforderlich. Wenn es um das Schreiben von Texten und Aufsätzen im autonomen Unterricht geht, ist es ratsam, gemeinsam mit den Lernenden eine Kriterienübersicht *A good text* zu erstellen, vergleichbar der Übersicht *A good group work*.

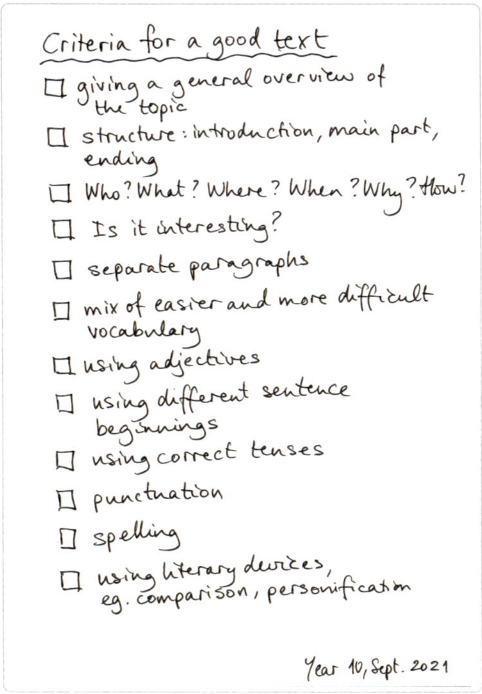

Abb. 68 **Poster *Criteria for a good text***

Anhand einer ähnlichen Liste für das Verfassen von Aufsätzen bewertet eine Schülerin einen Aufsatz, den sie geschrieben hat, wie folgt (8. Klasse, unbearbeitetes Zitat):

> *I will give myself a "7" [good] because I think that I have met the demands for a "7" by having a good structure of my essay, a reasonably varied vocabulary, and a well-documented arguments for my views. However, I have the feeling that the ending could be improved.*

8.2.3 Portfolios

Die Selbsteinschätzung kommt auch im Zusammenhang mit der Portfolioarbeit ins Spiel. Eine sehr häufige Verwendung des Portfolios besteht darin, dass die Lernenden ihre besten Arbeiten sammeln, d. h., sie wählen aus, was sie für das beste Beispiel ihrer Arbeit halten. Bei jüngeren Kindern könnte das sein: *My best domino* oder *My best mini-book*. Bei Schülern der Mittelstufe könnte es *My best poem* oder *My best essay* sein. In jedem Fall muss die Schülerin oder der Schüler schriftlich begründen, warum sie/er gerade diesen Gegenstand ausgewählt hat. Mit anderen Worten: Sie haben ihre Arbeit bewertet.

8.2.4 Monatsverträge

Vor allem in den höheren Klassen – oder sobald es realistisch erscheint, dass die Lernenden mehr Verantwortung für ihr eigenes Lernen übernehmen können – ist es wichtig, dass die Lernenden sich selbst Ziele setzen, die sie nach einer bestimmten Zeitspanne bewerten. Das kann ein Monatsvertrag sein (siehe Beispiel in Kapitel 4.2.6) oder eine Festlegung für eine kürzere oder längere Zeitspanne, vielleicht in Verbindung mit einem individuellen Projekt (siehe Kapitel 6.1 Einzelprojekte).

Hier folgt ein weiteres Beispiel für einen Monatsvertrag. Der Vertrag sah folgendermaßen aus (8. Klasse, unbearbeitetes Zitat):

> *My personal contract for April is:*
> *1. I will translate a page from my book every time when I read in my book.*
> *2. I will read a whole book a month.*
> *3. I will write one story a month.*

Am Ende des Monats werden die Lernenden gebeten, ihre Arbeit anhand ihrer Verträge zu bewerten. Im oben aufgeführten Beispiel geschah dies folgendermaßen:

> *I have lived up to my contract because I have done a lot lately and it has given me more words and better translations, and a little nicer handwriting. I have translated a lot of text from my books. I have finished three books in April, so I have exceeded my contract on that point. I have also written one story in this month. You have to read it!*

Bei der Bewertung ihrer Arbeit im Rahmen des Monatsvertrages stellen sich Schülerinnen und Schüler folgende Fragen:

- *Have I achieved what I set out to do?*
- *Was it too much or rather too little for me?*
- *Will I be able to do more next month?*
- *What can I do to achieve my goals next month?*

8.2.5 Bewertung durch Mitschülerinnen und Mitschüler

Die Bewertung durch Mitschüler oder das *Peer-Assessment* kann nur von Nutzen sein, wenn sie in einer Atmosphäre des Vertrauens und des Respekts innerhalb der Lerngruppe stattfindet (ähnlich wie bei der Evaluation durch Mitschülerinnen und Mitschüler). Wenn das der Fall ist, sind die Lernenden aus der Erfahrung der Autorinnen viel offener für die Beurteilung durch Gleichaltrige als für die der Lehrkraft. *Peer-Assessment* kann eingesetzt werden in Verbindung mit:

- Hausaufgaben teilen,
- Präsentationen und
- Textproduktion.

Eine der ersten Aktivitäten, die während der *Students' Time* stattfindet, ist das *Sharing homework* – mit einem Partner oder einer Gruppe. Wie bereits in Kapitel 7.1 erwähnt, hat die Lehrkraft mit dieser Aktivität nicht direkt zu tun, aber sie erhält einen Einblick in den Vorgang und die Lernentwicklung, wenn sie im Anschluss die Schülerlogbücher liest. Hier zwei Beispiele aus einer 8. Klasse (unbearbeitete Zitate):

> *Share homework with Lars. Lars has read in his book called "The Soul". He has also found some pretty good ideas for our play.*

> *Share homework with Anders. Anders' February page was a little borring, because he had no colours on it, but he had a lot of text. His picture+text was a little short, instead he had a lot of details. He was good at reading aloud, because he pronounced the words right and he had some difficult words such as plaque. His antonyms were also good.*

Peer assessment kommt auch ins Spiel, wenn die Lernenden während der *Together time* der Klasse z. B. das Ergebnis eines Projekts präsentieren. Ein Beispiel für ein *Peer assessment* einer mündlichen Präsentation – ebenfalls in der 8. Klasse und unbearbeitet:

It was good because he had some good words in it. Also a good story-line. Bad things: He has to talk more clearly so I can understand him. He also has to practice his English pronunciation.

Im Zusammenhang mit der Selbstbeurteilung wurde erwähnt, dass es am besten gelingt, Schülerinnen und Schüler dazu zu motivieren, ihre Textproduktion zu verbessern, wenn man sie ihre Aufsätze selbst bewerten lässt (welche Note sie bekommen sollten und die Gründe dafür), **bevor** sie den Aufsatz abgeben. Der nächste Schritt ist es, dass sie den Aufsatz an eine Arbeitspartnerin oder einen Arbeitspartner zur Beurteilung geben. Hier hat Annette ihrer Mitschülerin Karina zu deren Selbsteinschätzung (siehe S. 125) eine Rückmeldung gegeben (unbearbeitet):

I agree with Karina. I would also give it a „7" for the reasons she mentions. However, I think that she should really try to be more precise in her choice of vocabulary, and I find there are too many mistakes in spelling.

Neben diesen Beispielen kann das *Peer assessment* auch sehr gut in Verbindung mit selbsterstellten Materialien (Wortkarten, Dominos, kleinen Büchern, Brettspielen etc.) eingesetzt werden. Auch diese Beurteilungen werden zunächst von der Lehrkraft initiiert. Es könnte z. B. eine Regel sein, dass man jedes Mal, wenn man mit einem Dominospiel gespielt oder ein von anderen erstelltes *Mini-book* gelesen hat, dies im Logbuch bewerten muss. Hier eine Bewertung eines Videos, das eine Arbeitsgruppe erstellt hatte (6. Klasse, unbearbeitetes Zitat):

3rd November. Watch the video: Halloween party. Made by: Anette, Peter, Nicolai, Kasper. The film was very good because there was a lot of cool things in it. And it was well made. And some good music.

8.2.6 Bewertung der Logbücher

Der letzte Bereich, der hier erwähnt werden soll, ist die Bewertung der Logbücher. Auch wenn zu Beginn eines Kurses bzw. Schuljahres Richtlinien für das Führen von Logbüchern eingeführt wurden, ist es für die Kinder und Jugendlichen manchmal schwierig, sich durchgehend daran zu erinnern oder diesen Anforderungen ständig gerecht zu werden. Die Lehrkraft kann natürlich das einzelne Logbuch und Dinge, die ihr auffallen, kommentieren, wenn sie das Heft einsammelt. Sie schreibt *Remember margins. Remember to number your pages* – wieder und immer wieder.

Viel effektiver ist es jedoch, wenn die Lernenden zu zweit die Logbücher des jeweils anderen bewerten. Dann haben sie auch die Möglichkeit, positive Beurteilungen abzugeben. Hier ein Beispiel einer *Peer*-Bewertung (10. Klasse, unbearbeitet):

> *I think all in all your logbook is very creative. You did a lot of creative tasks like blackout poetry or the bookcover. I do like your blackout poetry on p. 5. I think you could work on your handwriting a bit.*

8.2.7 Bewertung durch die Lehrkraft

In einer traditionellen Lehr-/Lernumgebung ist normalerweise die Lehrkraft diejenige Person, die die Leistung des Lernenden bewertet. In einer autonomen Lernumgebung verläuft es andersherum. Zuerst kommt die Selbstbeurteilung des Lernenden, dann die Beurteilung durch die Mitschüler und am Ende die Beurteilung durch die Lehrkraft:

Selbstevaluation/ Selbstbewertung → *Peer* Evaluation/ *Peer* Bewertung → Evaluation/Bewertung durch die Lehrkraft

Abb. 69 Bewertungsschritte

Eine Bewertung durch die Lehrkraft kann/wird dann stattfinden, wenn Schülerinnen und Schüler sich dies ausdrücklich wünschen und wenn eine Notengebung erforderlich ist.

Bei dem oben angeführten Beispiel der Schülerarbeit war für es die Lehrkraft leicht, eine Note zu geben und diese Entscheidung zu begründen:

> *Dear Karina,*
> *I totally agree with you as well as Annette. I will also give your essay a "7", for the reasons you mention. Looking forward to seeing your next essay.*
> *Love,*
> *Leni.*

Erstens ist es für die Lehrkraft viel einfacher, eine Arbeit zu bewerten, nachdem die betreffende Person es selbst getan hat. Zweitens zeigt die Erfahrung, dass die Lernenden, wenn die Bewertung einer Arbeit auf diese Weise erfolgt, die Verbesserungsvorschläge als etwas Positives annehmen. Eine Bewertung, die auf diese

Weise stattfindet, wird nicht als bedrohlich empfunden, sondern unterstützt das Selbstwertgefühl.

Wenn es um die offizielle Notengebung geht, hat die Lehrkraft zweifellos das letzte Wort. Es ist jedoch hoffentlich sichtbar geworden, dass diese Vergabe in der autonomen Lernumgebung auf sehr verantwortungsvolle und zugleich transparente Weise geschehen kann.

9 FAQs (häufig gestellte Fragen)

Im Folgenden werden Fragen aufgegriffen, denen die Autorinnen immer wieder begegnen und die sich nicht speziell einem Kapitel zuordnen lassen. Sie werden deshalb gesondert behandelt, sodass die Antworten darauf schnell und leicht gefunden werden können.

9.1 Wie soll man mit Fehlern umgehen?

Mündliche Sprachproduktion wird beim Autonomen Sprachenlernen nicht korrigiert. Im Gespräch kann die Lehrkraft durch *Recasting* (beiläufiges normgerechtes Aufnehmen der Schüleraussage) ihre sprachliche Vorbildfunktion verstärken:

Schüler: *They're making a house to the homeless people.*
Lehrkraft: *Oh really? A house for homeless people? So they can sleep there?*

Das gilt natürlich auch für die Aussprache, wo die Lehrkraft durch gezieltes Nachfragen die Aussprache eines Wortes oder einer Wendung modelliert.

Schülerin: *I'm going to find out about racism.* (Betonung auf zweiter Silbe)
Lehrkraft: *About racism?* (Betonung auf erster Silbe) *And how are you going to do that?*

Auch Mitschülerinnen und Mitschüler wirken als sprachliche Vorbilder. Die Lehrkraft kann sie gezielt darauf aufmerksam machen und ihnen zeigen, wie sie ihre *Peers* in gleicher Weise unterstützen können, wenn ihnen ein nicht normgerechter Sprachgebrauch oder eine falsche Aussprache auffallen. Das kann schon beim Spiel mit *Word cards* und *Dominoes* beginnen.

Zudem wirkt der Umgang mit reichhaltigem Input (*Content materials*) förderlich auf die Entwicklung normgerechter Sprachmuster: Geschichten und Texte zum Lesen und als Quelle für eigene Sprachproduktion sind ebenso wichtig wie Audio- und Videomaterial.

Vor allem aber entwickelt sich die Sprachkompetenz der Lernenden durch viel Gelegenheit und Motivation zur authentischen Sprachproduktion. Bei jüngeren Kindern findet viel *Storytelling* statt, sowie gemeinsames Singen und Spiele. Aber auch in der alltäglichen Wiederholung der Gespräche **über** die Arbeit werden Wortschatz und Wendungen zunehmend vertraut, unterstützt durch mündliches und schriftliches *Scaffolding* durch die Lehrkraft und die anderen der Lerngruppe.

Die Aufführung von Theaterstücken bietet eine hervorragende Gelegenheit, sich normgerechte Sprachmuster einzuprägen.

Der Sprachgebrauch im **Logbuch** gilt als „intern“[11]. Er wird grundsätzlich nicht korrigiert. Wenn Schülerinnen und Schüler dies wollen, gibt ihnen die Lehrkraft mit Bleistiftmarkierungen Hinweise darauf, was sie verbessern oder überarbeiten könnten. Damit kann der Fehler selbstständig verbessert und die Markierung anschließend wegradiert werden. Wenn es zu keiner Verbesserung/Überarbeitung kommt, stellt sich die Frage, wozu Fehler markiert werden sollen.

Ziel in der Logbucharbeit ist es, die Kinder und Jugendlichen zum Schreiben zu ermutigen. Mit dem Rotstift „durchkorrigierte“ Texte können entmutigen und führen selten zu einem Lernzuwachs. Die Lehrkraft, die Verstöße gegen Rechtschreibregeln und üblichen Sprachgebrauch feststellt, kann diese diagnostisch auswerten, um durch gezielten Input oder Hinweise bei der folgenden Sprachproduktion den nächsten Lernschritt zu ermöglichen.

Bei den von Lernenden erstellten **Materialien** wird nichts durch die Lehrkraft verbessert. Auch hier wird die authentische Sprachproduktion respektiert. Wer beim Gebrauch Fragen hat oder etwas nicht versteht, kann auf die Urheber zugehen, nachfragen oder auf einen (vermeintlichen) Fehler aufmerksam machen. Das ist deshalb möglich, weil alle Materialien den Namen derjenigen tragen, die sie erstellt haben.

Dieser Umgang mit Fehlern führt dazu, dass sich Schülerinnen und Schüler mehr Sprachproduktion zutrauen, als wenn sie aufgrund einer Fehlerfokussierung Angst davor haben, etwas falsch zu machen. Es gilt auch im mündlichen Sprachgebrauch das Prinzip *fluency before accuracy.*

Wenn der Lehrkraft allerdings auffällt, dass kommunikationshindernde und andere Fehler sich einschleifen, dass Schülerinnen und Schüler womöglich nur einen Hinweis auf ein sprachliches Phänomen brauchen, um es sich anzueignen, dann könnte sie dieses in der *Teacher time* fokussieren, auf bestimmte englische Sprachformen aufmerksam machen und passende Aktivitäten und Materialien anbieten. Wenn z. B. auffällt, dass die Schreibung der Farbe *white* nicht geläufig ist, kann auf die Rechtschreibung hingewiesen, ein Poster mit *Words beginning with wh* angelegt und die Gestaltung einer Logbuchseite *White things* angeregt werden.

11 Der Begriff „interner Sprachgebrauch“ wird hier verwendet wie im Dialogischen Lernen nach Ruf/Gallin, 1989, S. 33–34.

9.2 Wo bleibt die Grammatik?

Als Lehrerinnen und Lehrer wissen wir, dass beim Erlernen einer Sprache der Gebrauch von Grammatik im Sinne sprachlicher Strukturen notwendig ist: Sprachenlernen **ist** Sprachgebrauch. Deshalb sorgen wir als Lehrkräfte dafür, dass wir Aktivitäten einführen – Dinge tun –, bei denen die Grammatik präsent ist und wird.

Jüngere Lernerinnen werden über Geschichten, Lieder und Reime mit sprachlichen Formen vertraut, ohne dass diese explizit gelehrt werden. Indem sie selbst aktiv Sprache produzieren, in der täglichen Kommunikation, bei der Dokumentation und Evaluation und bei verschiedensten mündlichen und schriftlichen Aktivitäten, entwickeln Lernende neue sprachliche Fähigkeiten (vgl. Weskamp, Bildungsstandards lernerorientiert umsetzen, 5. Aufl. 2013, S. 260).

Anstelle von Grammatikvermittlung setzt das Autonome Sprachenlernen vornehmlich auf Sprachgebrauch und das Stärken der Sprachbewusstheit (*Awareness-raising*). Die Schüleraktivitäten können sich durchaus auf bestimmte sprachliche Formen fokussieren:

- *Write a story (in the past tense). Find out the past tense forms of the verbs you want to use for your story and use them in your text: "Once upon a time ... "*
- *Write about your future plans.*
- *At the end of the year: Look at your logbook and compare your recent work to that at the beginning of the year.*

> **Leni Dam:** *Grammar worksheets usually only repeat (or test) grammar that has already been taught. You need to know the grammar already. It is preferable to do real grammar work.*

Zudem können sich ältere Schülerinnen und Schüler durchaus selbst mit grammatikalischen Phänomenen beschäftigen, gerade wenn sie von Eltern oder Freunden hören, dass es wichtig ist. Wenn das ihr Anliegen ist, liegt es in der Verantwortung der Lehrkraft, Aktivitäten zu finden und anzubieten, bei denen grammatikalische Kompetenz im Vordergrund steht.

Die Lernenden können ein grammatikalisches Phänomen auch zum Objekt einer selbstgewählten Aktivität oder eines Projekts machen: Wenn z. B. eine Schülerin beschließt, sich mit den englischen Regeln für die Interpunktion bei der wörtlichen Rede zu beschäftigen, weil sie ihre Geschichten lebendiger gestalten will, dann hilft ihr eine einfache Übersicht über deren Gebrauch, zur Verfügung gestellt von der Lehrkraft. Die Schülerin kann sich dafür entscheiden, diese Regeln abzuschreiben oder lediglich in ihrer Textproduktion zu verwenden.

Ein weiteres Beispiel aus der Praxis: Ein Schüler beschäftigt sich in Form eines eigenständigen Projekts mit den Regeln zur Bildung des Passivs im Englischen, weil er weiß, dass diese grammatikalische Form prüfungsrelevant ist. Er erstellt ein eigenes Material, um die Verwendung zu veranschaulichen, findet passende Beispiele und erläutert diese interessierten Mitschülerinnen und Mitschülern.

9.3 Wie kann man die Sprachbewusstheit fördern?

Unter Sprachbewusstheit (*Language awareness*) versteht man die Aufmerksamkeit für das Funktionieren von Sprache und das Wissen über sprachliche Phänomene:

> *Die Auseinandersetzung mit Sprache(n) fördert die Entwicklung von Sprachbewusstheit. Sprachbewusstheit meint die Aufmerksamkeit für formale Aspekte von Sprache unabhängig von der Bedeutung der Wörter oder Sätze. Auch die Fähigkeit, über Sprache(n) zu sprechen (Metasprache), ist Teil der Sprachbewusstheit.* [12]

Die Entwicklung von Sprachbewusstheit ergänzt den authentischen Sprachgebrauch, in dem die Aufmerksamkeit der Lernenden immer wieder auf formale Aspekte der Zielsprache gelenkt wird. Dies geschieht z. B. bei den täglichen Aktivitäten, beim *Sharing homework,* wenn die Lernenden sich gegenseitig zeigen, was sie als Hausaufgabe gemacht haben, und dabei die Formen der Vergangenheitsform im Vordergrund stehen. Sobald sie planen, was als Nächstes zu tun ist, kommen Formen für die Zukunft ins Spiel, und so weiter. Unterstützt werden sie durch *Scaffolding*, in Form von Postern, die im Dialog mit der Lerngruppe entstehen und bei Bedarf ergänzt werden:

Abb. 70 Poster *Sharing homework*

12 https://www.schule-bw.de/themen-und-impulse/ideenpool-lesen/elementarbereich/informationen/sprachbewusstheit_mehr.html (zuletzt aufgerufen am 02. 08. 2022)

Idealerweise ermutigt die Lehrkraft ihre Schülerinnen und Schüler dazu, auch auf formale Strukturen zu achten, ohne dass sie explizit unterrichtet werden.

Das geschieht unter anderem bei folgenden Aktivitäten:

- *Picture dictation* (Präpositionen verwenden)
- *Picture and words* (Wörter bestimmter Wortarten sammeln)
- *Picture and text* (Verben in der Gegenwart oder Vergangenheitsform verwenden)
- *List poetry*[13] (Listen von Wörtern oder Sätzen mit verschiedenen sprachlichen Formen als Gedicht schreiben, z. B. *My favourites, I wish I could ..., I will never ...* etc.)

9.4 Wie kann man die Eltern einbeziehen?

Es ist wichtig, auch die Eltern „mit ins Boot" zu holen, indem wir sie über Ziele und Vorgehensweise der Lernerautonomie informieren. Am besten überzeugen wir Eltern von der Effektivität dieses Ansatzes, wenn sie zum einen Aktivitäten selbst ausprobieren können, die ihre Kinder machen, und wenn sie zum anderen deren Arbeitsergebnisse, Dokumentation und Evaluation im Logbuch sehen. Ein **Elternbrief** kann erste Informationen geben, wenn neue Arbeitsformen eingeführt werden. Bei einem **Elternabend** können Eltern konkret erfahren, wie Lernerautonomie in der Klasse ihres Kindes umgesetzt wird. Besonders wirkungsvoll ist das, wenn die Schülerinnen und Schüler an diesem Elternabend aktiv teilnehmen:

How we learn English – Invitation

Dear parents,
I would like to invite you and your son/daughter to a meeting at our school on

Monday, 13th August 20xx, from 18–21.

I suggest the following agenda for the evening:

- *Welcome and presentation of people present.*
- *Presentation of how "Learning English" is organized in our class. This will include how the curricular guidelines and official demands including exams – which I am responsible for fulfilling – are catered for. (The demands are attached to this letter.)*

13 Anregungen sind zu finden auf der Website von „Thanet writers".

- *The students will be "teachers" and introduce you to some of the activities that we do in class in order to learn English. Your active involvement has got at least two advantages: you will get an insight into the work done at school – and your activity might result in "new" materials for the class (games, small books, etc.).*
- *Time for comments, questions and answers – to me as well as to the children.*
- *Final input: How can we together support the children's language learning – at home as well as at school? What are my expectations to you? What are your expectations to me?*
- *End of meeting and goodbye.*

Please bring along your child's English materials as well as the curricular guidelines attached to this letter.
Looking very much forward to seeing you.
Best wishes,
Leni Dam

- -

☐ *We will be coming (name [s]):* ____________________
☐ *We can't come.*
We have the following questions/comments in connection with "Learning English":

____

____

____

Auch eine Neukonzeption der Hausaufgaben sollte im direkten Kontakt mit den Eltern eingeführt werden. Konkrete Informationen helfen ihnen, den veränderten Ansatz zu verstehen, und praktische Tipps ermöglichen es ihnen, ihre Kinder weiterhin gut zu unterstützen. Das kann z. B. durch folgende Anregungen stattfinden, die auf Informationsseiten zusammengestellt an die Eltern verteilt werden können.

English at home

Liebe Eltern,
in diesem Infoblatt finden Sie Informationen dazu, wie Sie Ihre Kinder zu Hause dabei unterstützen können, dass sie mit Freude und nachhaltig Englisch lernen.

Logbooks
Sie als Eltern können Ihre Kinder unterstützen und ihre Motivation dadurch stärken, dass Sie sich dafür interessieren, was sie in der Schule machen: Schauen Sie sich gemeinsam das Logbuch an, lassen Sie sich erzählen und erklären, was Ihr Kind darin gearbeitet hat.

Word cards
Schülerinnen und Schüler können sich zu Hause Wörter aufschreiben, für die sie in der Schule *Word cards* erstellen wollen (Welche Wörter für Dinge, die es nur zu Hause gibt, kenne ich noch nicht auf Englisch?) Oder sie basteln die Kärtchen zu Hause, um sie in der Schule mit den Mitschülerinnen und Mitschülern zu nutzen. Auch hier können Sie – gerade bei jüngeren Kindern – unterstützen.

Table talk
Wie wäre es, während einer gemeinsamen Mahlzeit pro Woche nur Englisch zu sprechen? Die ganze Familie kann dabei mitmachen. Anfangs können Sie z. B. alle Dinge benennen, die auf dem Tisch stehen. Dann kann man nach Dingen fragen, die man braucht, z. B.:
Can I have the butter/bread/salad, please?
Here you are.
Thank you.
You're welcome! ...

Auch Gespräche über kulinarische Vorlieben sind denkbar, z. B.
Do you like carrots?
Yes, I do. / No, I don't.
I like potatoes but I don't like carrots. ...

Sprechen Sie gemeinsam über den vergangenen oder den kommenden Tag. *Keep it simple* – lieber langsam aufbauen, aber dranbleiben!

Vielleicht macht auch folgende Variante Spaß: *First person to speak German does the washing-up!*

Let's pretend we're tourists
Das haben Schülerinnen erfunden: Sie gehen mit einem Freund, einer Freundin oder einem Elternteil durch die Stadt und tun so, als sei einer von ihnen ein Besucher aus einem anderen Land, der/die nur Englisch spricht. Macht richtig Spaß! Es kann auch sein, dass man angesprochen und gefragt wird, ob man Hilfe braucht!

Reading
Wir haben für unsere Klasse englischsprachige Lektüren angeschafft, die Schülerinnen und Schüler auch für zu Hause ausleihen können. Wir freuen uns über weitere englische Kinderbücher, Comichefte oder geeignete Zeitschriften!
Inzwischen haben auch die Büchereien mehr englische Kinderbücher, zum Teil mit Audio-CD. Ein kostenloses Angebot, das Sie nutzen sollten!

DVDs und YouTube-Videos und Serien
Sie können gemeinsam DVDs von englischen oder amerikanischen Filmen, die Sie schon einmal auf Deutsch gesehen haben, auf Englisch anschauen, oder zumindest einzelne Szenen daraus. Wenn Sie die englischen Untertitel (falls vorhanden) einblenden, kommen alle auch bei schnell oder undeutlich Gesprochenem noch gut mit, zusätzlich wird das Bewusstsein für das englische Schriftbild geschärft.
Gut ist es, dieselben Filme immer wieder auf Englisch anzusehen.

Viele Jugendliche schauen gerne und regelmäßig US-amerikanische Serien. Die aktuellen Staffeln kann man im Internet ohnehin nur im englischsprachigen Original anschauen. Viele Jugendliche stellen selbst fest, dass sich dadurch nicht nur ihr Wortschatz, sondern auch die Aussprache und das Sprechen generell deutlich verbessern. Außerdem gibt es viele englischsprechende YouTuber, die Tutorials anbieten, für die sich Jugendliche interessieren, z. B. für Make-up und Mode oder um Gitarre zu lernen oder etwas zu reparieren.
Ein Tipp: Bei den YouTube-Videos kann man die Geschwindigkeit verändern, manchmal hilft es, sie erst einmal in einem etwas langsameren Tempo anzuschauen.

Kostenlose Apps
Das Smartphone ist aus dem Leben der meisten Jugendlichen nicht mehr wegzudenken. Es gibt interessante und sehr nützliche Apps zum Sprachenlernen, die kostenlos genutzt werden können, wenn man sich mit seiner E-Mail-Adresse dort anmeldet.

Quiz- und Rätselapps machen viel Spaß, viele kennen die Kinder auf Deutsch; sie sind aber ursprünglich Englisch und können auch so gespielt werden, z. B. *4 Pics 1 Word*. *Word Chums* macht Kreuzworträtselfans Spaß, *Quizup* ist so ähnlich wie Quizduell.

Last but not least
Englisch soll Spaß machen, am besten sowohl Ihnen als Eltern als auch den Kindern. Und letztlich wird nur das zum Lernerfolg beitragen, was Ihr Kind gern tun und wofür es sich selbstständig entscheidet.

10 Kopiervorlagen

→ **KV 1** ***Structure of the lesson***
→ **KV 2** ***Word cards***
→ **KV 3** ***Dominoes***
→ **KV 4** ***Picture lotto***
→ **KV 5** ***How to make a small book***
→ **KV 6** ***Board game***
→ **KV 7** ***Picture dictation***
→ **KV 8** ***About-me-cards***

Die folgenden acht Kopiervorlagen (z. T. mit mehreren Seiten) stehen unter **cornelsen.de/codes** mit der Buchstabenkombination **mefeyo** als Download zur Verfügung. Sie werden hier im Buch verkleinert abgebildet. Bei *Word cards, Dominoes* und *Picture lotto* schneiden sich die Schülerinnen und Schüler die benötigten Kärtchen selbst aus. Lehrkräfte können natürlich für ihre selbsterstellten Materialien auch eigene Formate entwickeln.

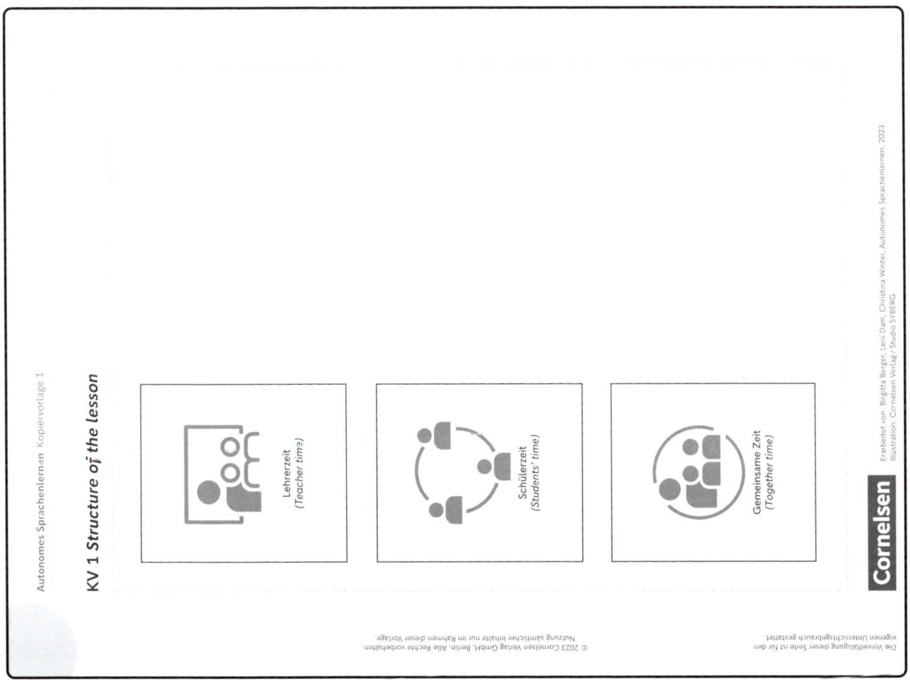

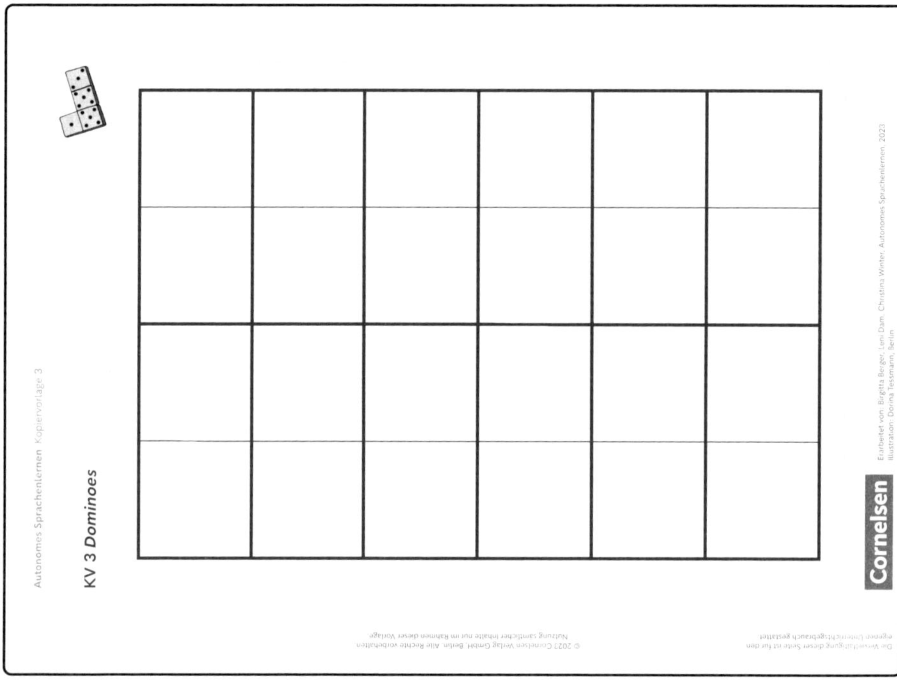
Autonomes Sprachenlernen Kopiervorlage 3
KV 3 *Dominoes*
Cornelsen
Erarbeitet von: Birgitta Berger, Leni Dam, Christina Winter. Autonomes Sprachenlernen 2023
Illustration: Dorina Tessmann, Berlin
© 2023 Cornelsen Verlag GmbH, Berlin. Alle Rechte vorbehalten. Nutzung sämtlicher Inhalte nur im Rahmen dieser Vorlage.
Die Vervielfältigung dieser Seite ist für den eigenen Unterrichtsgebrauch gestattet.

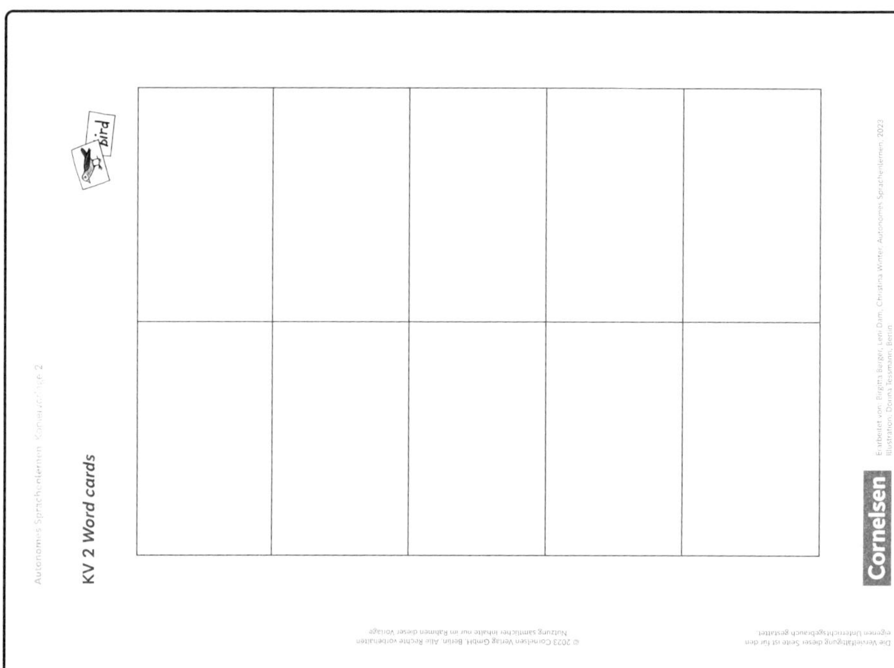
bird
Autonomes Sprachenlernen Kopiervorlage 2
KV 2 *Word cards*
Cornelsen
Erarbeitet von: Birgitta Berger, Leni Dam, Christina Winter. Autonomes Sprachenlernen 2023
Illustration: Dorina Tessmann, Berlin
© 2023 Cornelsen Verlag GmbH, Berlin. Alle Rechte vorbehalten. Nutzung sämtlicher Inhalte nur im Rahmen dieser Vorlage.
Die Vervielfältigung dieser Seite ist für den eigenen Unterrichtsgebrauch gestattet.

KV 4 *Picture lotto*

Cornelsen
Erarbeitet von: Birgitta Berger, Leni Dam, Christina Winter, Autonomes Sprachenlernen, 2023
Illustration: Dorina Tessmann, Berlin

KV 5 *How to make a small book*

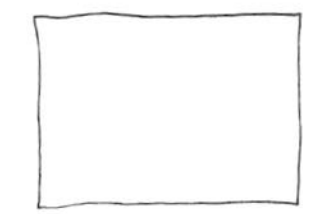

1. Place the paper like this.

2. Fold it to the middle.

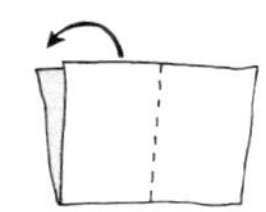

3. Unfold and fold it like this.

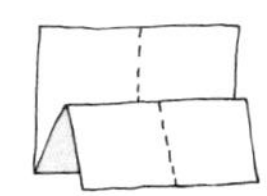

4. Fold the upper part of the paper towards the middle.

5. Turn the paper and do the same – like this.

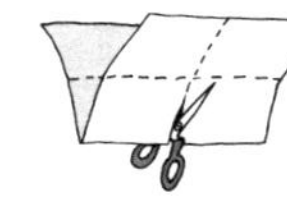

6. Cut to the first fold – like this.

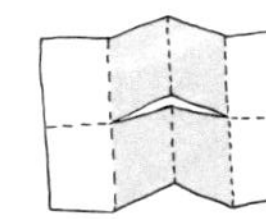

7. Unfold your paper.

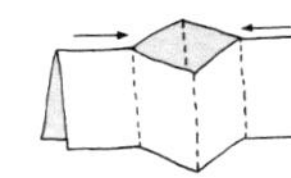

8. Fold the paper again and push the two ends to the middle – like this.

9. Your small book is ready.

Cornelsen
Erarbeitet von: Birgitta Berger, Leni Dam, Christina Winter, Autonomes Sprachenlernen, 2023
Illustration: Dorina Tessmann, Berlin

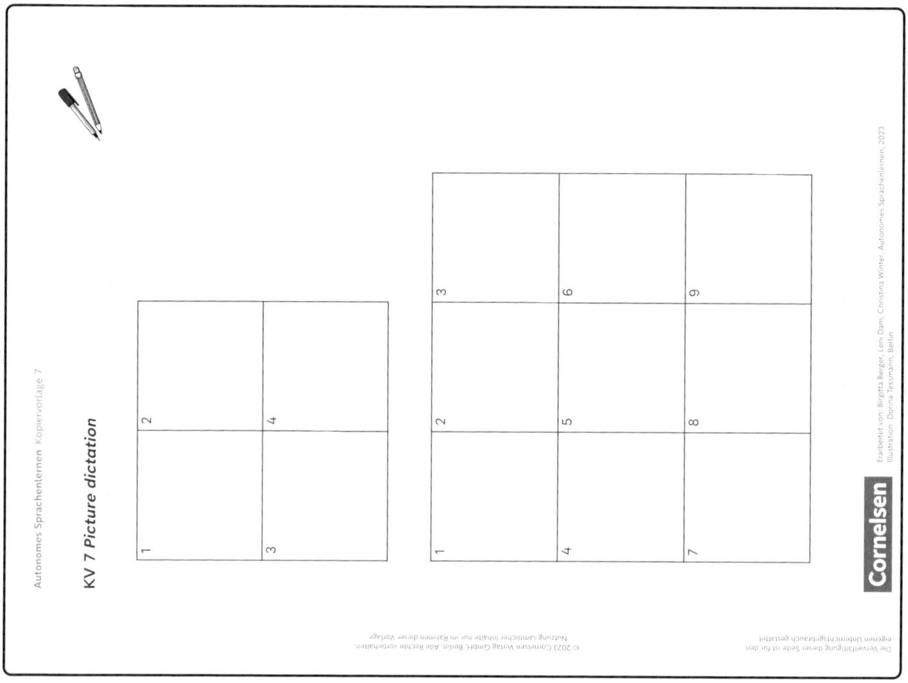
Autonomes Sprachenlernen Kopiervorlage 7
KV 7 Picture dictation
1
2
3
4
1
2
3
4
5
6
7
8
9
Cornelsen
Erarbeitet von: Birgitta Berger, Leni Dam, Christina Winter, Autonomes Sprachenlernen, 2023
Illustration: Dorina Tessmann, Berlin

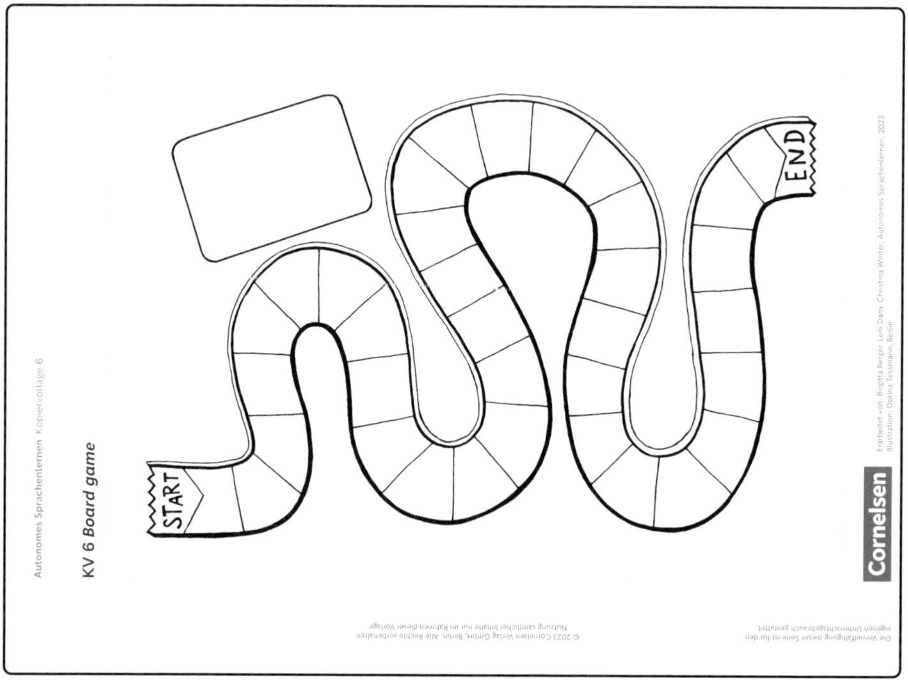
Autonomes Sprachenlernen Kopiervorlage 6
KV 6 Board game
START
END
Cornelsen
Erarbeitet von: Birgitta Berger, Leni Dam, Christina Winter, Autonomes Sprachenlernen, 2023
Illustration: Dorina Tessmann, Berlin

KV 8 About-me-cards

Das Material besteht aus 22 Kopiervorlagen mit Frage- und Antwortkarten. Sie können doppelseitig auf DIN-A4-Blätter kopiert werden, sodass sich auf der Vorderseite die Fragen und auf der Rückseite das *Scaffolding* für die Beantwortung der Fragen befinden. Eventuell laminiert und dann geschnitten ergeben sich pro Bogen vier Karten.

Hier im Buch werden zur Veranschaulichung drei Beispielseiten mit Vorder- und Rückseiten gezeigt. Das vollständige Material ist als Download unter **cornelsen.de/codes** mit der Buchstabenkombination **mefeyo** herunterzuladen. Es umfasst folgende Themen und Fragen:

8a Who are you?
- *What's your name?*
- *How old are you?*
- *Where do you live?*
- *What are you like?*

8b What are you like?
- *What are you really good at?*
- *What makes you different from other people?*
- *What do your friends like about you?*
- *What do your teachers like about you?*

8c About your family
- *What is your family like?*
- *Who do you live with?*
- *What do you like most about your family?*
- *What makes your family special?*

8d Pets and animals
- *Do you have a pet? What animal is it? What's its name?*
- *If you were an animal, what would you want to be?*
- *What animal would you like to have for a pet? Why?*
- *What is your favourite animal? Why?*

8e Hobbies and free time
- *What are your hobbies?*
- *What do you do in your free time after school?*
- *What do you do at the weekend?*
- *What do you think is the best hobby in the world? Why?*

8f Future dreams
- *What do you want to be when you grow up?*
- *What would you like to change about our world?*
- *What will life on earth be like when you are 99 years old?*
- *What would you do if you had a million dollars?*

8g Likes and dislikes
- *Who or what do you like most of all in the world?*
- *What do you like about your best friend(s)?*
- *What is your favourite place to be?*
- *What do you dislike most of all? Why?*

8h Food and drink
- *What is your favourite food and drink?*
- *What can you cook or bake?*
- *What food can you eat any time of the day?*
- *If you only had 1 Euro per day for food, what would you eat?*

8i Favourites
- *What is your favourite colour? Why?*
- *Who is your favourite singer oder band?*
- *What is your favourite book?*
- *What is your favourite film or series?*

8k Crazy things
- *What drives you crazy?*
- *What is the craziest thing you have ever done?*
- *What do you think is crazy about this world?*
- *What crazy thing would you like to do?*

8l Blanko-Vorlage mit vier Feldern auf Vorder- und Rückseite

Die Karten können sowohl für die Gestaltung der *About-me-Seite* im Logbuch wie auch für Gespräche *(Two-minute-talk)* verwendet werden.
Die Blanko-Karten eignen sich für eigene Fragen und dazu passendes *Scaffolding*.

Im Folgenden werden drei Beispielsets gezeigt:
KV 8b *What are you like?*
KV 8d *Pets and animals*
KV 8k *Crazy things*

Der obere Teil zeigt jeweils die Vorderseiten, der untere die Rückseiten der Karten.

Autonomes Sprachenlernen Kopiervorlage 8b *What are you like?* Vorderseite

About me
What are you like?
What are you really good at?

About me
What are you like?
What makes you different from other people?

About me
What are you like?
What do your friends like about you?

About me
What are you like?
What do your teachers like about you?

Autonomes Sprachenlernen Kopiervorlage 8b *What are you like?* Rückseite

I'm different from
other people because ...
I am ...
I can ...
I have ...

I'm really good at ...
- drawing.
- playing football.
- computer games.
- Maths.
- writing stories.

My teachers like me because I always/sometimes/never ...

My friends like me because I always/sometimes/never ...

Autonomes Sprachenlernen Kopiervorlage 8d *Pets and animals* Vorderseite

About me
Pets and animals
Do you have a pet?
What animal is it?
What's its name?

About me
Pets and animals
If you were an animal,
what would you want
to be?

About me
Pets and animals
What animal would you
like to have for a pet?
Why?

About me
Pets and animals
What is your favourite
animal?
Why?

Autonomes Sprachenlernen Kopiervorlage 8d *Pets and animals* Rückseite

If I were an animal,
I would be a ...

I have ...
– a cat.
– a dog.
– a rabbit.
– a guinea-pig.
Its name is ...

My favourite animal is a ...
because ...

I would like to have ...
for a pet because ...

Autonomes Sprachenlernen Kopiervorlage 8k *Crazy things* Rückseite

The craziest thing I have ever done is ...

... drive(s) me crazy!

A crazy thing I would like to do is ...

What I think is crazy about this world is that ...

Cornelsen

Erarbeitet von: Birgitta Berger, Leni Dam, Christina Winter, Autonomes Sprachenlernen, 2023

Autonomes Sprachenlernen Kopiervorlage 8k *Crazy things* Vorderseite

About me
Crazy things
What drives you crazy?

About me
Crazy things
What is the craziest thing you have ever done?

About me
Crazy things
What do you think is crazy about this world?

About me
Crazy things
What crazy thing would you like to do?

Cornelsen

Erarbeitet von: Birgitta Berger, Leni Dam, Christina Winter, Autonomes Sprachenlernen, 2023

Literatur

Arnold, M. (2020). Brain-based Learning and Teaching – Prinzipien und Elemente. In U. Herrmann (Red.), Neurodidaktik. Grundlagen für eine Neuropsychologie des Lernens, 3. Aufl. (S. 303). Weinheim: Beltz.

Böttger, H. (2016). Neurodidaktik des frühen Sprachenlernens. Wo die Sprache zuhause ist. Bad Heilbrunn: Julius Klinkhardt.

Butzkamm, W. (2007). Lust zum Lehren, Lust zum Lernen. Eine neue Methodik für den Fremdsprachenunterricht. Tübingen: Francke.

Candlin, C. N. (1979). Evaluating and Designing Language Teaching Materials. In U. o. Education, Practical Papers in English Language Education, Volume 2. (p. 48). Lancaster: Lancaster: The Institute, 1978–1981.

Dam, L. (1995). Learner Autonomy: From Theory to Classroom Practice. Karlslunde: Askeladden.

Dam, L. (1999). How to develop autonomy in a school context – how to get teachers to change their practice. In C. Edelhoff & R. Weskamp, Autonomes Fremdsprachenlernen (S. 113–133). Ismaning: Max Hueber Verlag.

Dam, L. (2003). Developing learner autonomy – the teacher's responsibility. In D. Little, J. Ridley, E. Ushioda, D. Little, J. Ridley & E. Ushioda (Red.), Learner autonomy in the foreign language classroom: teacher, learner, curriculum and assessment (S. 135–146). Dublin: Authentik.

Dam, L. & Legenhausen, L. (1999). Language acquisition in an autonomous learning environment: Learners' self-evaluation and external assessments compared. In S. Cotteral & David Crabbe, Learner Autonomy in Language Learning: Defining the Field and Effective Change. (S. 89–98). Frankfurt a. M., Deutschland: Peter Lang.

Dam, L. & Legenhausen, L. (2010). Learners' Reflexion on Learning: Evaluation versus Testin in Autonomous Language Learning. In A. Paran & L. Sercu, Testing the Untestable in Language Education (S. 120–142). Bristol: Multilingual Matters.

Eckert, E., Burger, S. & Möller, W. (2020). Erdkinderplan. Freiburg: Herder Verlag.

Edelhoff, C. & Weskamp, R. (1999). Unterricht im Wandel – Autonomes Fremdsprachenlernen als Konzept für schülerorientierten Fremdsprachenunterricht. In C. Edelhoff & R. Weskamp (Hrsg.), Autonomes Fremdsprachenlernen. Ismaning: Hueber.

Gibbons, P. (2015). Scaffolding language, scaffolding learning: teaching English language learners in the mainstream classroom. Portsmouth, NH: Heinemann.

Hattie, J. (2009). Visible Learning. Abingdon, Vereinigtes Königreich: Routledge.

Hedge, T. (1. Juli 1993). Key Concepts in ELT. ELT Journal Volume 47/3 July 1993, S. 275–277. © Oxford University Press 1993.

Helmle, T. & Wöbcke-Helmle, P. (2016). Praxisbuch Kosmische Erziehung – Mit Interesse lernen. Freiburg i. B.: Herder.

Holec, H. (1981). Autonomy and Foreign Language Learning. Oxford: Pergamon.

Lillard, P. P. (1996). Montessori Today. A Comprehensive Approach to Education from Birth to Adulthood. New York: Schocken.

Little, D., Dam, L. & Legenhausen, L. (2017). Language Learner Autonomy. Bristol: Multilingual Matters.

Little, D., Ridley, J. & Ushioda, E. (n. d.). Learner Autonomy in the Foreign Language Classroom. Dublin: Authentik.

Meier, J. & Janovsky, S. (2017). Förderung von Lesekompetenz durch Extensive Reading und Elemente des StreeReduzierten Lernens (SRL) – ein unterrichtspraktisches Projekt. München: IBS.

Ruf, U. & Gallin, P. (1998). Dialogisches Lernen in Sprache und Mathematik. Seelze-Velber: Kallmeyer.

Staatsinstitut für Schulqualität und Bildungsforschung (Red.). (aufgerufen am 6. Januar 2021). www.isb.bayern.de/mittelschule/lehrplan/. www.lehrplanplus.bayern.de/bildungs-und-erziehungsauftrag/mittelschule

Thaler, E. (2008). Teaching English Literature. Paderborn: Brill – Schöningh.
Thomsen, H. (2003). Scaffolding target language use. In D. Little, J. Ridley & E. Ushioda (Red.), Learner Autonomy in the Foreign Language Classroom: Teacher, learner, curriculum and assessment (S. 29–46). Dublin, Irland: Authentik.
Weskamp, R. (1999). Einleitung. In R. W. Christoph Edelhoff (Hrsg.), Autonomes Fremdsprachenlernen (S. 8–22). Ismaning: Max Hueber Verlag.
Weskamp, R. (2013). Bildungsstandards lernerorientiert umsetzen. 5. Aufl. In G. Bach, & J. P. Timm, Englischunterricht (S. 256–279). Tübingen und Basel: A. Francke Verlag.
Wintek, Y. (2012). Teachers' Roles in Autonomous Learning. (O. A. USA, Red.) Global Journal of Human Social Science. Linguistics and Education (E), Vol. XII, Issue XIII, Vol. XII (Issue XIII), S. 47–50. https://globaljournals.org/GJHSS_Volume12/7_Teachers_Roles_in_Autonomous.pdf (aufgerufen am 16. 05. 2021)
Wolff, D. (2007). Eine Fremdsprache als Arbeitssprache gebrauchen: Bilingualer Sachfachunterricht und deutschsprachiger Fachunterricht. Buenos Aires, Argentinien. https://www.michaelseeger.de/seeger.llvv.org/meth3/wolff-lernerautomie-gekuerzt.doc (aufgerufen am 17. 1. 2021)

Quellenverzeichnis

Abbildungen	Buchseite	Urheber/-in
Abb. 1 Work cycle	S. 13	Cornelsen Verlag / Studio SYBERG
Abb. 2 Englischbereich in einem Klassenzimmer	S. 21	© La Rici Photography
Abb. 3 Poster und Übersichten	S. 22	© La Rici Photography
Abb. 4 Poster *Things to do in your logbook*	S. 24	Birgitta Berger
Abb. 5 Poster *How to work with word cards*	S. 24	Birgitta Berger
Abb. 6 Poster mit Überschriften	S. 25	Birgitta Berger
Abb. 7 *Content materials*: verschiedene Wörterbücher	S. 26	© La Rici Photography
Abb. 8 *Content materials*: Bücher, Zeitschriften, Landkarten etc.	S. 27	© La Rici Photography
Abb. 9 *Content materials*: selbsterstelltes Material	S. 27	Birgitta Berger
Abb. 10 Strukturierung der Arbeit	S. 29	Cornelsen Verlag / Studio SYBERG
Abb. 11 Evaluation im Arbeitszyklus	S. 33	Cornelsen Verlag / Studio SYBERG
Abb. 12 Poster *Why we learn English*	S. 35	Birgitta Berger
Abb. 13 Poster *How we learn English*	S. 35	Birgitta Berger
Abb. 14 Schülerlogbuch 6. Klasse	S. 40	Foto: Christina Winter / Schülerarbeit: Schülerin einer 6. Klasse
Abb. 15 Schülerlogbuch 9. Klasse	S. 40	Foto: Birgitta Berger / Schülerarbeit: Schülerin einer 9. Klasse
Abb. 16 Poster *All about me*	S. 43	Birgitta Berger
Abb. 17 Kartei *About Me*	S. 43	Birgitta Berger
Abb. 18 *About me* aus dem Logbuch einer Schülerin (1. Klasse)	S. 44	Foto: Birgitta Berger / Schülerarbeit: Schülerin einer 1. Klasse
Abb. 19 *About me* aus dem Logbuch einer Schülerin (6. Klasse)	S. 44	Foto: Christina Winter / Schülerarbeit: Schülerin einer 6. Klasse
Abb. 20 *Month page* (4. Klasse)	S. 45	Foto: Christina Winter / Schülerarbeit: Schüler einer 4. Klasse
Abb. 21 *Month page* (6. Klasse)	S. 46	Foto: Christina Winter / Schülerarbeit: Schüler einer 6. Klasse
Abb. 22 *Month page* (7. Klasse)	S. 46	Foto: Leni Dam / Schülerarbeit: Julie Kragh Kruse
Abb. 24 Logbucheintrag (6. Klasse)	S. 48	Foto: Christina Winter / Schülerarbeit: Schülerin einer 6. Klasse
Abb. 25 Monatsvertrag einer Schülerin (6. Klasse)	S. 49	Foto: Christina Winter / Schülerarbeit: Schülerin einer 6. Klasse
Abb. 27 Logbucheintrag (10. Klasse)	S. 52	Foto: Birgitta Berger / Schülerarbeit: Schülerin einer 10. Klasse
Abb. 29 Ideenlogbuch für die Grundschule: *About me*	S. 53	Birgitta Berger

Abbildungen	Buchseite	Urheber/-in
Abb. 30 Ideenlogbuch für die Grundschule: *Topical page – Green in nature*	S. 53	Birgitta Berger
Abb. 31 Ideenlogbuch *Month page*	S. 54	Birgitta Berger
Abb. 32 Ideenlogbuch *Word page*	S. 55	Birgitta Berger
Abb. 33 Eintrag in einem Logbuch der Lehrkraft (Grundschule)	S. 57	Birgitta Berger
Abb. 34 Eintrag in einem Logbuch der Lehrkraft (Sekundarstufe)	S. 58	Birgitta Berger
Abb. 35 *Word cards* – Bilderseite (2. Klasse)	S. 64	Foto: Birgitta Berger / Schülerarbeit
Abb. 36 *Word cards* – Wörterseite (2. Klasse)	S. 64	Foto: Birgitta Berger / Schülerarbeit
Abb. 37 Box für *Word cards*	S. 66	© La Rici Photography
Abb. 38 Beispiel-Domino, von der Lehrkraft als Anschauungsmaterial erstellt	S. 67	Birgitta Berger
Abb. 39 Beispiel-Domino, von der Lehrkraft erstellt *(Do you like ...?)*	S. 68	Birgitta Berger
Abb. 40 Beispiel-Domino, von der Lehrkraft erstellt *(Once upon a time)*	S. 68	Birgitta Berger
Abb. 41 Beispiel-Domino, von der Lehrkraft erstellt *(Similies)*	S. 69	Birgitta Berger
Abb. 42 Von Schülern erstelltes Domino (3. Klasse)	S. 69	Foto: Birgitta Berger / Schülerarbeit eines Schülers der 3. Klasse
Abb. 43 Beispiel *Picture Lotto*, von der Lehrkraft erstellt (einfach)	S. 71	Birgitta Berger
Abb. 44 Beispiel *Picture Lotto*, von der Lehrkraft erstellt (mehr Text)	S. 71	Birgitta Berger
Abb. 45 *Mini-book* einer Schülerin (1. Klasse)	S. 72	Foto: Birgitta Berger / Schülerarbeit: Schülerin einer 1. Klasse
Abb. 46 Vorlage für ein *Board Game*	S. 73	Cornelsen / Dorina Tessmann
Abb. 47 Poster *Things to do in class*	S. 75	Birgitta Berger
Abb. 48 *Word snake* (6. Klasse)	S. 77	Foto: Christina Winter / Schülerarbeit: Schülerin einer 6. Klasse
Abb. 49 Poster *Picture and questions*	S. 78	Birgitta Berger
Abb. 50 *Picture and questions* (9. Klasse)	S. 79	Birgitta Berger (Sprayer: stock.adobe.com/Mehaniq/mehaniq41)
Abb. 51 *Picture dictation* (5. Klasse)	S. 80	Foto: Leni Dam / Schülerarbeit: Julie Kragh Kruse
Abb. 52 *Talking cards* (10. Klasse)	S. 82	Birgitta Berger
Abb. 53 *Topic box* für Themen (Draufsicht)	S. 84	Birgitta Berger
Abb. 54 *Topic box* für Themen (geöffnet)	S. 84	Birgitta Berger
Abb. 55 *Mindmap* und *Word cards* (10. Klasse)	S. 85	Foto: Birgitta Berger / Schülerarbeit einer Schülerin der 10. Klasse
Abb. 56 *Picture and words* (4. Klasse)	S. 86	Foto: Christina Winter / Schülerarbeit einer Schülerin der 4. Klasse

Abbildungen	Buchseite	Urheber/-in
Abb. 57 *Picture and text* (7. Klasse)	S. 87	Birgitta Berger Winterfoto: stock.adobe.com/Nature Stock
Abb. 58 Scaffolding *Writing Essays*	S. 88	Leni Dam
Abb. 59 *Writing box* geschlossen	S. 89	Birgitta Berger
Abb. 60 *Writing box* offen	S. 89	Birgitta Berger
Abb. 61 *Our own poems* (Klassenprojekt)	S. 90	Birgitta Berger
Abb. 62 *Human Rights book* (8. Klasse)	S. 91	Foto: Leni Dam / Schülerarbeit: Anders Bonnesen
Abb. 63 Poster *Human rights group project* (8. Klasse)	S. 95	Foto: Leni Dam / Schülerarbeit: Anders Bonnesen
Abb. 64 Klassenbibliothek	S. 108	© La Rici Photography
Abb. 65 *Work cycle*	S. 112	Cornelsen Verlag / Studio SYBERG
Abb. 66 Poster *What to write in my evaluation*	S. 116	Christina Winter
Abb. 67 Poster *Good group work*	S. 118	Leni Dam
Abb. 68 Poster *Criteria for a good text*	S. 125	Birgitta Berger
Abb. 69 Bewertungsschritte	S. 129	Cornelsen Verlag / Studio SYBERG
Abb. 70 Poster *Sharing homework*	S. 134	Birgitta Berger
KV 1 *Structure of the lesson*	S. 139	Cornelsen Verlag / Studio SYBERG
KV 2 *Word Cards*	S. 140	Cornelsen / Dorina Tessmann
KV 3 *Dominoes*	S. 140	Cornelsen / Dorina Tessmann
KV 4 *Picture lotto*	S. 141	Cornelsen / Dorina Tessmann
KV 5 *How to make a small book*	S. 141	Cornelsen / Dorina Tessmann
KV 6 *Board game*	S. 142	Cornelsen / Dorina Tessmann
KV 7 *Picture dictation*	S. 142	Cornelsen / Dorina Tessmann

Quellen der Zitate von Schüler/-innen: S. 52 (unten): Schülerin Julie Kragh Kruse; **S. 105 (oben):** Schülerin Julie Kragh Kruse; **S. 105 (unten):** Text einer Schülerin; **S. 117** (Zitate zur Gruppenarbeit): Dam, L. (2006). Developing learner autonomy – looking into learners' logbooks. In: Kötter, M., Traxel, O. und Gabel, S. (Hrsg.): *Investigating and Facilitating Language Learning. Papers in Honour of Lienhard Legenhausen*. Trier: Wissenschaftlicher Verlag Trier, S. 276; **S. 119 (unten):** Schülerin Julie Kragh Kruse; **S. 123:** Dam, L. /Legenhausen, L. (2010). Learners Reflecting on Learning: Evaluation *versus* Testing in Autonomous Language Learning. In: Paran, A. und Sercu, L.(Hrsg.): Testing the Untestable in Language Education. Bristol: Multilingual Matters, S. 95/96; **S. 124:** Dam, L. (2006). Developing learner autonomy – looking into learners' logbooks. In: Kötter, M., Traxel, O. und Gabel, S. (Hrsg.): *Investigating and Facilitating Language Learning. Papers in Honour of Lienhard Legenhausen.* Trier: Wissenschaftlicher Verlag Trier, S. 277; **S. 125:** Little, Dam, Legenhausen (2017): Language Learner Autonomy. Theory, Practice and Research. Bristol: Multilingual Matters, S. 114; **S. 126 und 127 (oben):** Dam, L. (2006). Developing learner autonomy – looking into learners' logbooks. In: Kötter, M., Traxel, O. und Gabel, S. (Hrsg.): Investigating and Facilitating Language Learning. Papers in Honour of Lienhard Legenhausen. Trier: Wissenschaftlicher Verlag Trier, S. 270ff. und 279f.; **S. 127 (unten):** Text einer Schülerin; **S. 128 (oben):** Dam, L. (2006). Developing learner autonomy – looking into learners' logbooks. In: Kötter, M., Traxel, O. und Gabel, S. (Hrsg.): *Investigating and Facilitating Language Learning. Papers in Honour of Lienhard Legenhausen.* Trier: Wissenschaftlicher Verlag Trier, S. 278; **S. 128 (Mitte):** Text einer Schülerin; **S. 128 (unten):** Schülerin Julie Kragh Kruse; **S. 129 (oben):** Text einer Schülerin